国家示范性高等职业院校优质核心课程改革教材

Qiche Weixiu Zhiliang Jianyan

汽车维修质量检验

主　编　陈　清
主　审　封建国

人民交通出版社

内 容 提 要

本教材为四川交通职业技术学院国家示范建设汽车运用技术重点专业建设教学研究与改革成果之一。书中的学习任务基于汽车维修质量检验的工作过程，按照由简单到复杂的思路，分层次进行课程设计。全书共有3个学习任务，包括汽车二级维护项目的检验与试车、客户报修项目竣工检验与试车、汽车整车大修项目竣工检验。

本教材为高职汽车运用技术专业学生使用，也可供相关岗位培训参考。

图书在版编目(CIP)数据

汽车维修质量检验/陈清主编. —北京：人民交通出版社，2011.11

ISBN 978-7-114-09420-0

Ⅰ.①汽… Ⅱ.①陈… Ⅲ.①汽车－车辆修理－质量检验－高等职业教育－教材 Ⅳ.①U472.32

中国版本图书馆CIP数据核字(2011)第199212号

国家示范性高等职业院校优质核心课程改革教材

书　　名：汽车维修质量检验

著 作 者：陈　清

责任编辑：杨　川

出版发行：人民交通出版社

地　　址：(100011)北京市朝阳区安定门外外馆斜街3号

网　　址：http://www.ccpress.com.cn

销售电话：(010)59757973

总 经 销：人民交通出版社发行部

经　　销：各地新华书店

印　　刷：北京鑫正大印刷有限公司

开　　本：787×1092　1/16

印　　张：4.75

字　　数：105千

版　　次：2011年11月　第1版

印　　次：2015年7月　第5次印刷

书　　号：ISBN 978-7-114-09420-0

定　　价：14.00元

序 Xu

为贯彻教育部、财政部《关于实施国家示范性高等职业院校建设计划，加快高等职业教育改革与发展的意见》(教高【2006】14 号)和《关于全面提高高等职业教育教学质量的若干意见》(教高【2006】16 号)精神，作为国家示范性高等职业院校建设单位，我院从 2007 年开始组织探索如何设计开发既能体现职业教育类型特点，又能满足高等教育层次需求的专业课程体系和教学方法。三年来，我们先后邀请了多名国内外职业教育专家，组织进行了现代职业技术教育理论系统学习和职业技术教育课程开发方法系统的培训；在课程开发专家团队指导下，按照“行业分析，典型工作任务，行动领域，学习领域”的开发思路，以职业分析为依据，以培养职业行动能力为核心，对传统的学科式专业课程进行解构和重构，形成了以学习领域课程结构为特征的专业核心课程体系；与企业专业技术人员共同组成课程开发团队，按照企业全程参与的建设模式、基于工作过程系统化的建设思路，完成了 10 个重点建设专业(4 个为中央财政支持的重点建设专业)核心课程的学材、电子资源、试题库、网络课程和生产问题资源库等内容的建设和完善，在课程建设方面取得了丰厚的成果。

对示范院校建设工程而言，重点专业建设是龙头；在专业建设项目中，课程建设是关键。职业教育的课程改革是一项长期艰苦的工作，它不是片面的课程内容的解构和重构，必须以人才培养模式创新为核心，实训条件的改善、实训项目的开发、教学方法的变革、双师结构教师团队的建设等一系列条件为支撑。三年来，我们以课程改革为抓手，力图实现全面的建设和提升；在推动课程改革中秉承“片面地借鉴，不如全面地学习”，全面地学习和借鉴，认真地研究和实践；始终追求如何在课程建设方面做出中国特色，做出四川特色，做出交通特色。

历经 1 000 多个日日夜夜的辛劳，面对包含了我们教师团队心血，即将破茧的课程建设成果的陆续出版，感到几分欣慰；面对国际日益激烈的经济的竞争，面对我国交通现代化建设的巨大需求，感到肩上的压力倍增。路漫漫其修远兮，吾将上下而求索！希望更多的人来加入我们这个团结、奋进、开拓、进取的团队，取得更多更好的成果。

在这些教材的编写过程中，相关企业的专家给予了很多的支持与帮助，在此谨表示衷心的感谢！

四川交通职业技术学院院长

前　言　Qian Yan

四川交通职业技术学院汽车运用技术专业创办于1952年，2002年确定为国家高职高专精品建设专业，2007年被教育部、财政部批准立项为中央财政支持的国家示范高职重点建设专业。为全面贯彻《关于全面提高高等职业教育教学质量的若干意见》（教高【2006】16号）提出的"加强素质教育，强化职业道德，明确培养目标；加大课程建设与改革的力度，增强学生的职业能力"精神，在系统总结学院汽车运用技术专业50余年的专业建设和教学改革经验基础上，以工学结合一体化的课程开发理念和方法为指导，充分利用学院与丰田、宝马、通用、东风雪铁龙和东风标致五个汽车制造厂商的项目合作资源，依托成都三和汽车、四川申蓉汽车、港宏汽车等区域内集团化汽车维修企业，基于汽车维修生产过程，开发出了具有"校店融合、行业融通、名企融入"特色的学习领域课程，结合学院实践教学条件的实际情况，编写了汽车运用技术专业系列教材。

本系列教材在组织编写过程中，注意吸收发达国家先进的职教理念和方法，认真总结和践行工学结合一体化课程的开发路线，形成了以下特色：

1. 基于整体化的职业资格研究，注重学生综合职业能力的培养。

汽车运用技术专业的课程不是以本科的知识为纲进行简化，也不是从岗位出发，而是基于整体化的职业资格研究方法——实践专家访谈会总结出的典型工作任务进行设置。典型工作任务描述一个职业的具体工作领域，是工作过程结构完整（明确任务、制订计划、实施计划和评估反馈等）的综合性学习任务，反映了该职业典型的工作内容和工作方式❶。因此，本系列教材体现了"学习的内容是工作，通过工作实现学习"的工学结合课程特色，实现了学习与工作的一体化，能让学生亲身经历结构完整的工作过程，通过在真实工作情境中的实践学习，帮助学生形成自己对工作的认识并积累经验，从而培养学生的综合能力，而不仅仅是技能。

2. 任务驱动，以学生为主体，教师为主导，倡导行动导向的引导式教学方法。

本系列教材将每个典型工作任务从教学的角度，划分为若干个具体理论与实践一体化的学习任务，按照工作过程组织学习过程。每个学习任务将知识学习与技能操作有机地渗透在一起。每一个任务，既是学习任务，又是工作任务，有工作要求、工作对象、工具、工作方法与劳动组织方式等方面的要素。本系列教材注重对学习目标和引导问题的设计，体现以学生为主体，强化学生的地位，给学生留有充分思考、实践与合作交流的时间和空间，让学生亲身经历"观察→操作→交流→反思"的活动过程。

3. 以学习目标为主线，采用全新的结构编排模式。

本系列教材打破了传统教材的章节体例，以工作情境描述（学习任务）入手，明确学习目标、勾勒学习脉络。在学习过程中，以学习目标为主线，按照"计划→资讯→决策→实施→评

❶赵志群著《职业教育工学结合一体化课程开发指南》。

估→反馈”这样一个完整的行动模式设计引导问题,以引导问题将知识、技能以及素质要求等方面有机地结合起来。

《汽车维修质量检验》是本系列教材中的一本。本书基于汽车机电维修中的质量检验的工作过程,按照汽车维修质量检验真实生产任务的分类统计和分析,对生产中的典型生产任务的分类归纳概括,确定了与培养目标相适应的3个学习任务,即汽车二级维护项目的检验与试车、客户报修项目竣工检验与试车、汽车整车大修项目竣工检验。其目标是在学习的过程中培养学生与汽车维修质量检验相关的工作流程及专业技能,同时培养学生的质量意识。

参加本书编写工作的有:四川交通职业技术学院陈清、邱尚磊、张江红。全书由四川交通职业技术学院陈清担任主编,四川交通职业技术学院封建国担任主审。

限于编者经验和水平,书中内容难以覆盖全国各地的实际情况,希望各教学单位在积极选用和推广本系列教材的同时,注重总结经验,及时提出修改意见和建议,以便再版修订时改正。

编者

2011年9月

目　录　*Mu Lu*

学习任务1　汽车二级维护项目的检验与试车

工作情境描述

一辆丰田威驰 VIOS 轿车，行驶41130km，需要进行二级维护作业，机电维修人员刚刚完成本车的二级维护项目。作为车间质检人员，请你完成该车二级维护作业项目的维修质量的检查。

学习目标

通过本学习任务的学习，你应当能：

1. 根据二级维护作业工单描述二级维护的作业内容和作业要求；
2. 掌握二级维护的检验验收标准；
3. 熟练使用相关设备和仪器进行二级维护作业检验；
4. 安全、迅速、准确地在汽车机电车间和路试条件下，测试汽车的相关性能；
5. 熟悉汽车维修质量检验相关的法律和法规；
6. 及时填写质量检验报告单，移交车辆并解释已经完成的质量检验项目；
7. 熟练利用维修手册，解释和分析相关维修工艺要求并用于维修作业中。

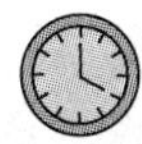

建议学习时间：12h

引导问题

一、任务准备

引导问题1　什么是汽车维修企业的三级维修质量检验制度？

以下小常识是某汽车维修企业的维修质量检验规范，请阅读后完成表1-1。

小常识：

汽车维修企业三级质量检验规范

在维修过程中，维修技师应严格遵循"不接受、不制造、不传递"质量缺陷的原则，重视修理的质量，采用上下道工序互检的方式并严格执行三级质量检验制度。

(1)第一级检验　维修技师的个人自检。

维修技师在完成修理及后续整理工作后进行。自检的主要内容包括：根据维修工单的作业内容，逐项检查是否达到技术标准。自检完毕，维修技师在维修工单技师栏填写自己名字。

(2)第二级检验　维修班组的互检。

维修班组长对本班组的维修质量负责。在本班组成员自检完成后，班组长应按规定对所完成的维修项目进行质检，并核对是否所有维修项目和操作内容均已完成。当发现问题时，必须采取相应措施进行纠正，检验的结果应反馈给维修技师，以提高维修技师的技术水平，避免同一问题的重复发生。完成质检后，班组长应当在维修工单技师签字后签字确认；如有增加项目，应在增项技师签字的下面签字确认，然后将工单、客户自费更换的配件、钥匙交接给质检人员，申请质检员终检。

(3)第三级检验　质检人员的终检。

质检员在班组二级检验合格后，再对车辆的维修质量进行终检，必要时路试，同时对完工车辆的清洁状况进行检查，做好最终检验记录并签字。对二级维护、总成大修和整车修理的，应按照《机动车维修合格证管理制度》规定，开具汽车修竣出厂合格证，并向客户解释合格证保修条例。重要、安全性能的修理、返修等，应优先检验。

汽车维修企业三级质量检验制度信息表　　表 1-1

项　目	完成主体	完成时间	完成地点	主要检验内容	检验完毕应提交的文件
第一级检验					
第二级检验					
第三级检验					

引导问题 2　汽车维修质量检验按照怎样的流程进行？

图 1-1 是某汽车维修企业的维修质量检验流程，请阅读后完成以下问题。

(1)经过三级维修质量检验合格车辆的交车流程。

以下小常识是某汽车维修企业关于维修质量检验合格车辆的交车流程，请在文字描述的基础上，绘制维修质量检验合格车辆的交车流程(图 1-2)。

小常识：

维修质量检验合格车辆的交车流程

质检合格的车辆由维修技师将维修工单交接给服务顾问，并向服务顾问做详细交接，服务顾问应做力所能及的完工交车前质检(油液面及颜色外观质检)。未经三级质检的车辆，服务顾问必须拒绝完工交车。服务顾问引导客户检验车辆后，打印预结算单向客户解释费用明细，引导客户买单后送客。

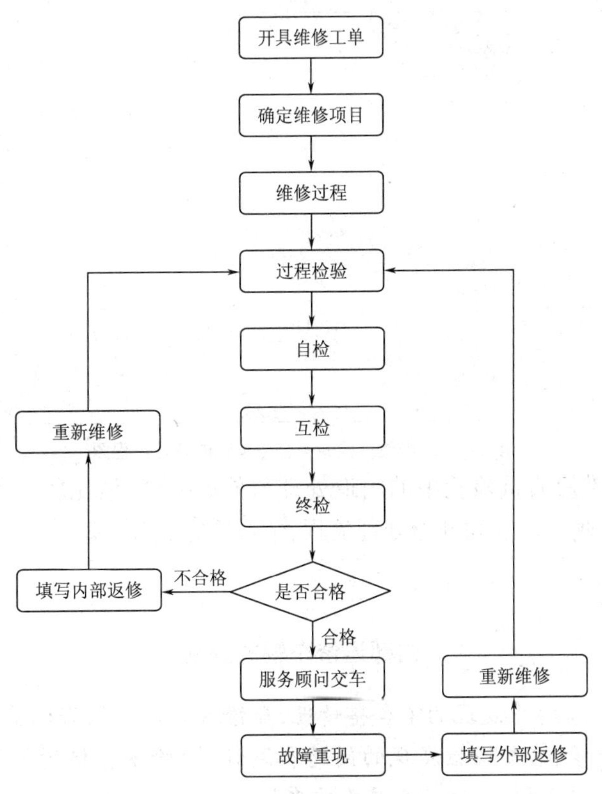

图1-1　汽车维修质量检验流程

图1-2　维修质量检验合格车辆的交车流程图

(2)经过三级维修质量检验后不合格车辆的处理流程。

以下小常识是某汽车维修企业关于维修质量检验不合格车辆的处理流程,请在文字描述的基础上,绘制维修质量检验不合格车辆的处理流程(图1-3)。

小常识:

维修质量检验不合格车辆的处理流程

维修检验不合格指各级检验中发生的不合格情况。对于一、二级检验发生的不合格情况由各班组长负责自行采取相应的纠正措施。但对于因技术水平、配件、维修检测设备等原因导致的检验不合格且班组不能解决的,应当及时报告车间主管。

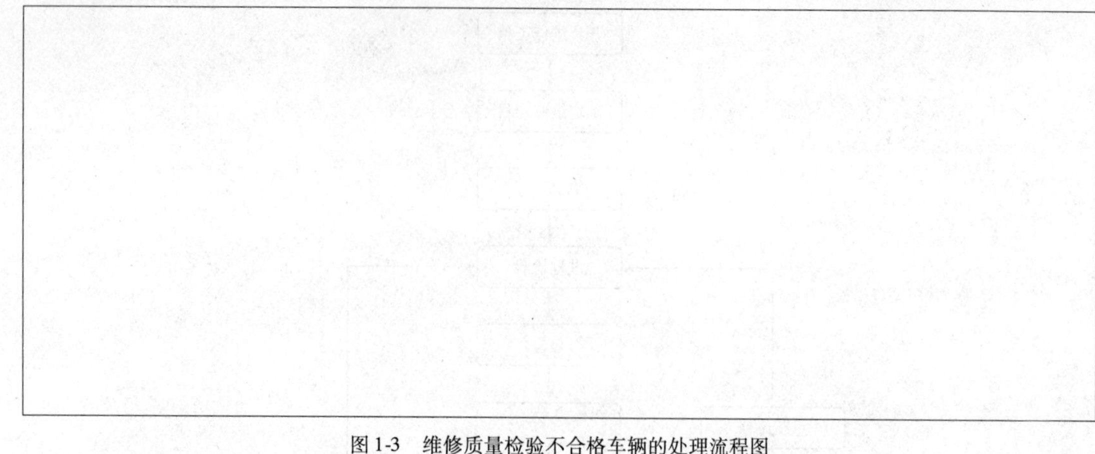

图 1-3 维修质量检验不合格车辆的处理流程图

(3)什么是汽车维修质量检验中的内返处理与外返处理,请比较二者的异同点。以下小常识是某汽车维修企业的内返和外返处理流程,学习后完成表 1-2。

小常识:

内部返修车辆的处理

三级检验(最终检验)中发现的不合格情况,质检人员应当做好记录,并把不合格车辆返回原承修班组重新维修,告知检验发现的问题和做好"检验不合格的标识"即为内部返修标注。对于终检的不合格车辆,经维修后应当重新检验。

外部返修车辆的处理

外返车辆是指经最终检验合格,已交付顾客使用,但在短期内或质保期内,故障重新出现,并经分析判断确为维修质量问题的车辆。外返车辆的确认由质检人员、技术总监、车间主管和服务主管共同进行,开具外返维修工单,标注"外部返工",由质检人员安排原承修组返修,但由于技术能力限制的,应当安排给技术能力更高的班组。外返车辆必须给予优先安排维修,维修完工后,再次检验,合格后才能交付。

内返处理与外返处理异同点对比　表 1-2

比较项目	内 返 处 理	外 返 处 理
发现问题的主体	汽车维修企业质检人员	
需要在车辆上进行的标注		
涉及的人员		
处理流程		

引导问题 3　汽车维修企业的质量检验员岗位职责有哪些?

(1)图 1-4 是某汽车维修企业质量检验员的招聘广告,请概括作为一名汽车维修质量检验人员的基本素质要求。

汽车维修质检员

职位要求：

职位关键字：汽车维修 质检员 维修 车间 机修 质量 检验员 质检 驾驶 汽车 工艺 流程 技术 管理 电脑 软件

职位描述及要求：
1. 中专以上学历，3年以上4S店或二类维修站维修车间（机修或钣喷）工作经验，中级以上职称
2. 取得汽车维修质量检验员资格并有1年以上质检工作经验
3. 驾龄3年以上，熟练驾驶
4. 熟悉汽车相关知识，熟悉汽车维修业工艺流程及汽车维修技术
5. 有车间管理工作经验，熟练使用电脑办公软件者优先
6. 良好的沟通能力、语言表达能力

图1-4　某汽车维修企业质量检验员的招聘广告

①________________

②________________

③________________

④________________

⑤________________

⑥________________

⑦________________

⑧________________

(2)请查阅资料，并描述作为一名汽车维修质量检验员的岗位职责。

①________________

②________________

③________________

④________________

⑤________________

⑥________________

⑦严格把握三级质检制度，并一丝不苟地执行，不合格的车辆必须予以返工/返修；

⑧质检员休假或者外出试车时，由车间主管/技术总监担当值班质检员，要有相应工作交接，质检报告有签名确认；

⑨完成公司交办的其他临时性工作。

引导问题4　与汽车维修质量检验相关的法律和法规有哪些？

(1)以下是与汽车维修质量检验相关的法律，请查阅资料后完成表1-3。

汽车维修质量检验相关的法律　　表1-3

序号	法律名称	颁布时间	颁布的意义	在汽车维修行业的贯彻实施重点
1	《中华人民共和国产品质量法》	1993年9月1日	对于专业从事汽车维修质量控制的质量检验人员，增强质量意识，提高汽车维修质量，具有十分重要的意义	1. 建立健全汽车维修质量管理体系和质量管理制度； 2. 加强汽车配件质量监控
2	《中华人民共和国计量法》			

续上表

序号	法律名称	颁布时间	颁布的意义	在汽车维修行业的贯彻实施重点
3	《中华人民共和国经济合同法》			
4	《中华人民共和国消费者权益保护法》			
5	《中华人民共和国行政处罚法》			
6	《中华人民共和国反不正当竞争法》			

(2)以下是与汽车维修质量检验相关的行业规章,请查阅资料后完成表1-4。

汽车维修质量检验相关的行业规章 表1-4

序号	法规名称	批准部门	颁布时间	颁布的意义	在汽车维修行业的贯彻实施重点
1	《汽车运输业车辆技术管理规定》	交通部①	1990年10月1日	保持车辆良好的技术状况,使汽车运输业创造更大的经济效益和社会效益	1. 提高汽车检测诊断技术水平; 2. 落实新的汽车维护制度,严格执行《汽车维护工艺规范》
2	《汽车维修质量管理办法》				
3	《汽车维修质量纠纷调解办法》				
4	《汽车维修合同实施细则》				
5	《道路运输车辆维护管理规定》				
6	《道路运输行政处罚规定》				

二、方案制订与优选

引导问题5　汽车二级维护作业车辆的质量检验流程。

小常识:

目前正在实施的《四川省机动车维修管理办法》规定:机动车维修经营者承接机动车二级维护、总成修理和整车修理,应当与托修方签订维修合同,实行维修前诊断检验、维修过程检验和竣工质量检验制度,建立维修档案并保存2年;竣工出厂时经维修质量检验合格的,维修质量检验员应当签发机动车维修竣工出厂合格证。

图1-5是汽车二级维护作业工艺流程图,请列举出与汽车维修质量检验工作相关的环节,并完成表1-5。

①现为交通运输部

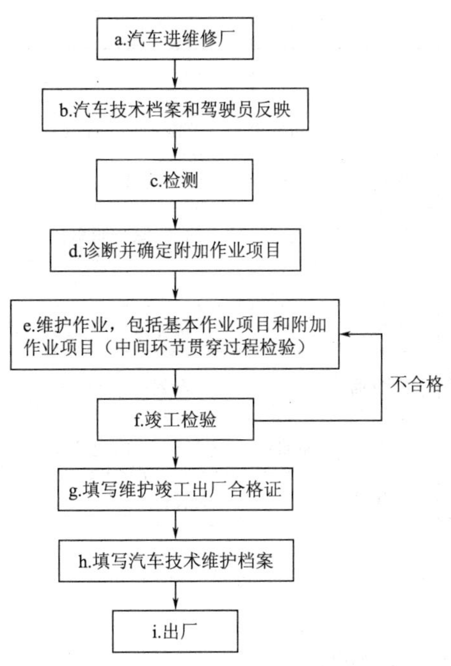

图1-5　汽车二级维护工艺过程图

汽车二级维护作业中的质量检验环节　　表1-5

与汽车维修质量检验相关环节的编号	完成人	完成工位	完成时间	主要检查重点
e. 维护作业			车辆维护过程中	
f. 竣工检验				

引导问题6　汽车二级维护作业的全过程中，二级维护质量检验的流程如何进行？

(1)表1-6是四川省某汽车维修企业的二级维护竣工质量检测表，请完成表中检验人、检验地点、检验时间。

四川省某汽车维修企业的二级维护竣工质量检测表　　表1-6

<table>
<tr><td>车辆号牌</td><td colspan="3"></td><td>厂牌型号</td><td colspan="3"></td></tr>
<tr><td>发动机号</td><td colspan="3"></td><td>车架识别码</td><td colspan="3"></td></tr>
<tr><td>外检日期</td><td colspan="3"></td><td>额定载质量
（座位数）</td><td colspan="3"></td></tr>
<tr><td>类别</td><td>序号</td><td>检查内容</td><td colspan="2">检查记录</td><td>检验人员</td><td>检验时间</td><td>检验地点</td></tr>
<tr><td>整车</td><td>1.1</td><td>整车装备及标识</td><td colspan="2">灭火器：　　　　唯一性标识：</td><td>车间质检</td><td>竣工后</td><td>机电车间</td></tr>
</table>

续上表

类别	序号	检查内容	检查记录	检验人员	检验时间	检验地点
整车	1.2	清洁	空滤器： 机滤器： 燃滤器： 车身：			
			发动机： 底盘： 各总成外部：			
		涂漆质量	流痕： 色泽： 面漆、腻子脱落：			
	1.3	紧固、铆接、焊接件				
		各总成润滑油	质量： 添加量：			
		各部润滑油脂及装置	润滑嘴： 安装：			
	1.4	密封检查	漏水： 漏油： 漏气： 漏电：			
		电器设备检查	工作状况： 安装：			
	1.5	信号及仪表				
		照明				
	1.6	刮水器	工作状况：			
		视镜	车内视镜： 前下视镜： 后视镜：			
发动机	2.1	发动机装备	齐全有效			
	2.2	发动机工作状况	启动： 怠速： 运转： 加速： 水温： 异响：			
离合器	3	离合器工作状况	结合： 分离： 异响： 踏板自由行程： mm			
转向系	4.1	转向节、臂	裂纹： 损伤： 安装：			
	4.2	横、直拉杆及球销	横拉杆： 球销： 直拉杆：			
	4.3	转向机构工作状况	操纵： 异响： 转向盘自由转动量：			
传动系	5.1	变速器、分动器	操纵： 异响： 跳挡、乱挡现象：			
	5.2	传动轴	运转： 异响：			
	5.3	主减速器	运转： 异响：			
行驶系	6.1	轮胎	规格型号： 花纹最小深度： / mm			
	6.2	悬架、减振器	悬架： 减振器：			
	6.3	车架	裂纹： 变形： 铆钉： 连接：			
	6.4	前后轴	裂纹： 变形：			
制动系	7.1	制动踏板	踏板自由行程： mm			
	7.2	制动性能				
	7.3	驻车制动性能	锁止可靠：			
	7.4	滑行性能				

续上表

类别	序号	检查内容	检查记录	检验人员	检验时间	检验地点
车身车厢	8.1	车身左右对称高度差	前拱差：　　后拱差：			
	8.2	门窗、座椅	门窗：　　座椅：			
	8.3	门锁、拉手及铰链	门锁：　拉手：　门铰链及限动装置：			
	8.4	玻璃及升降器	玻璃：　　升降器：			
	8.5	驾驶室	驾驶室装置：　门铰链及限动装置：			
	8.6	货箱	栏板：　底板：　后门：			
	8.7	发动机罩、暖风装置	发动机罩：　　暖风装置：			

(2)请根据表1-6的填写结果,制订丰田威驰轿车40000km维护的质量检验流程图(图1-6)。如果文字填写不下,可以使用检测项目的编号来代替检测项目。

图1-6　丰田威驰轿车40000km维护的质量检验流程图

三、实施与控制

引导问题7　汽车二级维护作业过程中的自检及互检如何完成?

请参照表1-6,按照二级维护作业流程完成汽车二级维护自检及互检表(表1-7)。

汽车二级维护自检及互检项目表 表 1-7

序号	检验项目	检验方法	检验内容	检验结论

引导问题8　汽车二级维护作业完成后，车间质检人员如何完成检验？

(1)在汽车维修企业的三级检验制度中，车间质检人员在机电车间及路试条件下，完成二级维护车辆的竣工检验。请在完成表1-6的基础上，在表1-8中列举作为车间质检人员应检验的项目。

车间质检人员对二级维护竣工车辆的必检项目　　表1-8

序号	检 验 项 目	序号	检 验 项 目

(2)二级维护车辆竣工后，车间质检人员需要进行汽车制动性能的检验。汽车制动性能的检验包含哪些方面？在哪里完成检验？主要的检验内容有哪些？请完成表1-9。

小常识：

汽车的制动性能评价指标

汽车的制动性能主要从下面三方面进行评价：

1.制动效能

制动效能是评价汽车制动性能的最基本指标，是指汽车迅速降低行驶速度直至停车的能力。其指标有制动距离、制动力、制动减速度和制动时间。

2.制动效能恒定性

制动效能恒定性是指汽车在高速或下长坡行驶时，经连续或频繁地使用制动，其制动效能的保持程度。

制动效能的恒定性，主要是指制动器的抗热衰退性能。若长时间或大强度的连续制动，制动器温度常在300℃以上，此时，如制动器摩擦力矩因摩擦副摩擦系数减少而显著下降，这种现象称制动器的热衰退。

3.制动时汽车方向稳定性

汽车在制动过程中保持直线行驶或按驾驶员给定方向(弯道行驶)行驶的能力，称为汽车方向稳定性，即制动时汽车不发生跑偏、侧滑以及失去转向能力的性能。

汽车制动性能检验表　　表 1-9

序号	检验项目	检验工位	技术要求
1	制动踏板行程	机电维修工位	
2	制动性能	路试	
3	真空助力器		
4	驻车制动性能		

(3)二级维护车辆竣工后，车间质检人员需要进行汽车转向系性能的检验。汽车转向系性能的检验包含哪些方面？在哪里完成检验？主要的检验内容有哪些？完成表 1-10。

小常识：

汽车转向系性能的检验

1. 转向定位值是汽车检测中重点检测项目之一。汽车转向轮的定位值(包括转向轮外倾、转向轮前束、主销后倾和主销内倾 4 个参数)是评价汽车操纵性和直线行驶稳定性的重要参数。由于汽车在使用过程中，车架、悬架部分(如钢板弹簧或螺旋弹簧)、车轴、轮胎气压、转向机构的磨损或变形，使原有几何角度和相关位置发生变化，使前轮定位失准。前轮定位值失准，不仅会引起转向沉重，增加驾驶员的劳动强度，而且会使汽车行驶稳定性变差，不能保持汽车直线行驶，转向轮失去自动回正的作用，加剧转向机构和转向轮轮胎的磨损，会使燃料经济性变差，动力性能下降，甚至有发生事故的危险。

2. 转向盘自由转动量、转向盘施加操纵力、转向轮(左、右)最大转角同样需要检查。转向盘自由转动量，是指汽车保持直线行驶位置不动时，左右晃动转向盘时的自由转动量(游动角度)。它是一个综合诊断参数，当其超过规定值时，说明从转向盘至转向轮的传动机构中某一处的配合松旷。转向盘自由转动量过大时，将造成驾驶员判断失误和工作紧张并直接影响行车安全。

3. 转向盘的转向力大小关系到转向轻便性。若转向沉重，不仅增加驾驶员的劳动强度，而且会影响行车安全；若转向太轻，行驶方向不稳定(如发飘、抖动)、路感太弱同样不利于行车安全。

4. 左、右转向轮最大角度检查，转向角度大小关系到转向的半径大小，直接影响到汽车通过性，故十分有必要检查。一旦转向角度太小，有可能在转动时发生和外部有关擦碰(如纵拉杆擦碰制动橡胶管、擦碰轮胎内壁)等运动干涉，也会危及行车安全。

汽车转向性能检验表　　表1-10

序号	检验项目	检验工位	技术要求
1			
2			
3			

(4)二级维护车辆竣工后，车间质检人员需要进行汽车悬架性能的检验。汽车悬架性能的检验包含哪些方面？在哪里完成检验？主要的检验内容有哪些？完成表1-11。

汽车悬架性能检验表　　表1-11

序号	检验项目	检验工位	技术要求
1			
2			
3			

(5)二级维护车辆竣工后，车间质检人员需要进行汽车发动机性能的检验。汽车发动机性能的检验包含哪些方面？在哪里完成检验？主要的检验内容有哪些？完成表1-12。

汽车发动机性能检验表　　表1-12

序号	检验项目	检验工位	技术要求
1			
2			
3			

(6)为了保证二级维护车辆竣工后的行车安全，车间质检人员需要进行汽车灯光及信号系统的检验。汽车灯光及信号系统的检验包含哪些方面？在哪里完成检验？主要的检验内容有哪些？完成表1-13。

汽车灯光及信号系统性能检验表　　表 1-13

序号	检验项目	检验工位	技术要求
1	前照灯	机电车间	亮度、照射距离、照射角度、变光等正常,符合有关规定
2	前后雾灯		
3	转弯灯		
4	喇叭		
5	刮水器		
6	倒车镜、车内视镜		
7	制动灯		
8	仪表系统		
9	报警灯		
10			
11			

(7)除以上的检验项目外,车间质检人员还有哪些检验项目?请列举在表 1-14 中。

其他项目检验表　　表 1-14

序号	检验项目	检验工位	技 术 要 求
1			
2			
3			
4			
5			
6			
7			
8			
9			
10			
11			

四、评价与反馈

1. 小组成果展示

(1)简述本小组收获与体会:

①____________________;

②____________________;

③____________________。

(2)你对其他小组的建议：

①____;

②____。

2. 课堂过程评价表(表1-15)

课堂过程评价表　　表1-15

考核项目	评分标准	分数	学生自评	小组互评	教师评价	小计
团队合作	是否和谐	5				
活动参与	是否精彩	5				
安全生产	有无安全隐患	10				
现场5S	是否做到	10				
任务方案	是否正确、合理	15				
操作过程	汽车二级维护项目的质量检验方法 是否规范	30				
任务完成情况	是否圆满完成	5				
工具、设备使用	是否规范、标准	10				
劳动纪律	是否能严格遵守	5				
工单填写	是否完整、规范	5				
总分		100				
教师签字：			年　月　日		得分	

注意：没有按照操作流程操作，以致出现人身伤害或设备严重事故的学生，本任务考核为0分。

学习任务2　客户报修项目竣工检验与试车

工作情境描述

一辆丰田威驰乘用车行驶154820km，发动机运转时发动机舱发出尖锐的“叽、叽、叽、叽”的叫声，在启动和急加速时尤为明显；车辆右后部有“吱、吱、吱、吱”的响声，尤其是在颠簸路面就更明显；车辆制动过程中，前轮发出刺耳的金属摩擦声，停止制动后声音消失。车主将车开到4S店，经过维修人员更换减振器、制动器、附件皮带后，现在要求你在机电维修车间、四合一检测线以及路试条件下，进行报修项目维修质量的检验。

学习目标

通过本学习任务的学习，你应当能：

1. 根据汽车维修作业工单，描述汽车小修项目，如发动机异响、制动异响、减振器异响等竣工检验与试车内容，以及汽车常见电气维修项目的竣工检验内容等；
2. 掌握需要路试检查的客户报修项目的验收标准；
3. 熟练使用相关设备和仪器对需要路试检查的客户报修项目进行作业检验；
4. 安全、迅速、准确地在汽车举升机和道路路试条件下，测试汽车的相关性能；
5. 熟悉汽车维修质量检验相关的法律和法规；
6. 及时填写质量检验报告单，移交车辆并解释已经完成的客户报修项目竣工检验项目；
7. 利用维修手册，解释和分析相关维修工艺要求并用于维修作业中。

建议学习时间:20h

引导问题

一、任务准备

引导问题1　查阅丰田VIOS乘用车的维修手册中关于减振器拆装的章节，回答丰田VIOS乘用车在更换减振器的同时拆装哪些部件，这些部件在安装时对应的标准数据是多少？

(1)后减振器拆装过程中涉及哪些部件拆装？

____

____

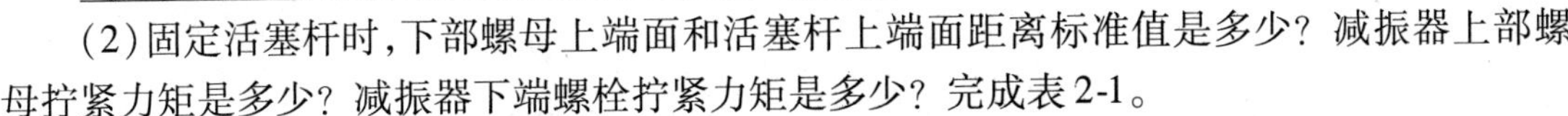

(2)固定活塞杆时，下部螺母上端面和活塞杆上端面距离标准值是多少？减振器上部螺母拧紧力矩是多少？减振器下端螺栓拧紧力矩是多少？完成表2-1。

丰田 VIOS 乘用车后减振器拆装的数值　　表2-1

项　　目	标　准　值
活塞杆下部螺母上端面和活塞杆上端面距离	
减振器上部螺母拧紧力矩	
减振器下端螺栓拧紧力矩	

拆卸

(1)拆卸后轮。

(2)拆卸后座椅软垫罩衬块分总成，如图2-1所示。

(3)拆卸后座椅靠背总成(左侧)，如图2-2所示。

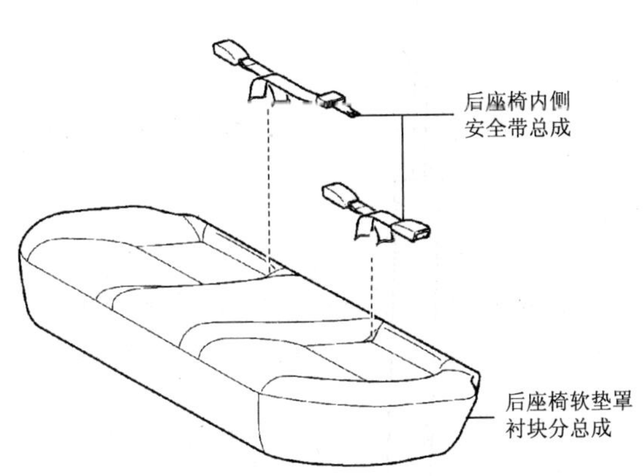

图2-1　拆卸后座椅软垫罩衬块分总成图示

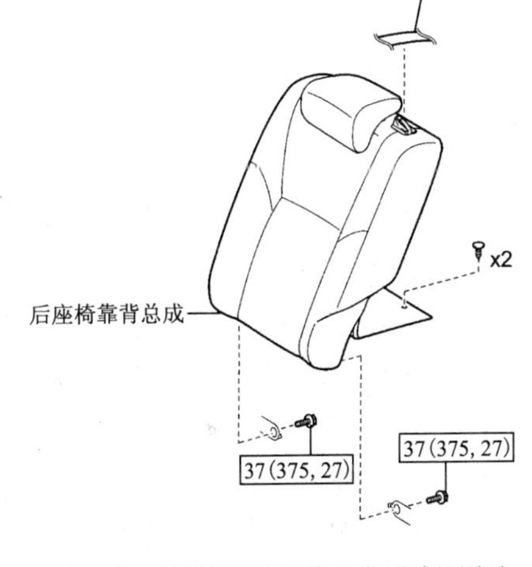

图2-2　拆卸后座椅靠背总成(左侧)图示

(4)拆卸后座椅靠背总成(右侧)，如图2-3所示。

(5)拆卸后减振器盖，如图2-4所示。

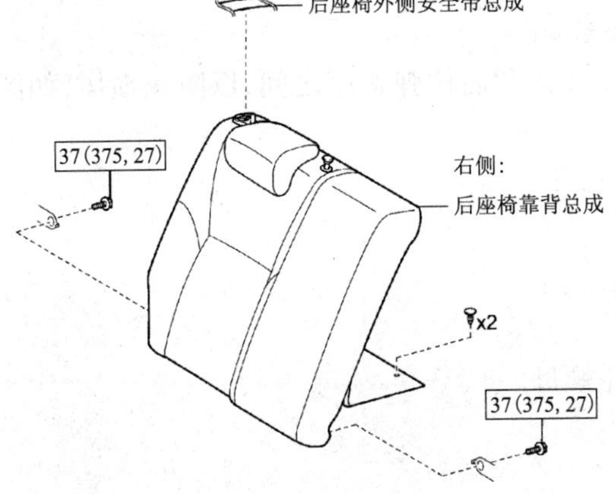

图2-3　拆卸后座椅靠背总成(右侧)图示

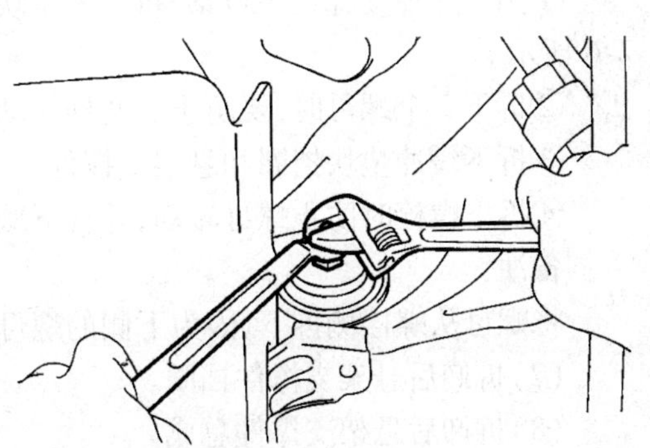

图2-4　拆卸后减振器盖图示

（6）拆卸后减振器，如图 2-5 所示。

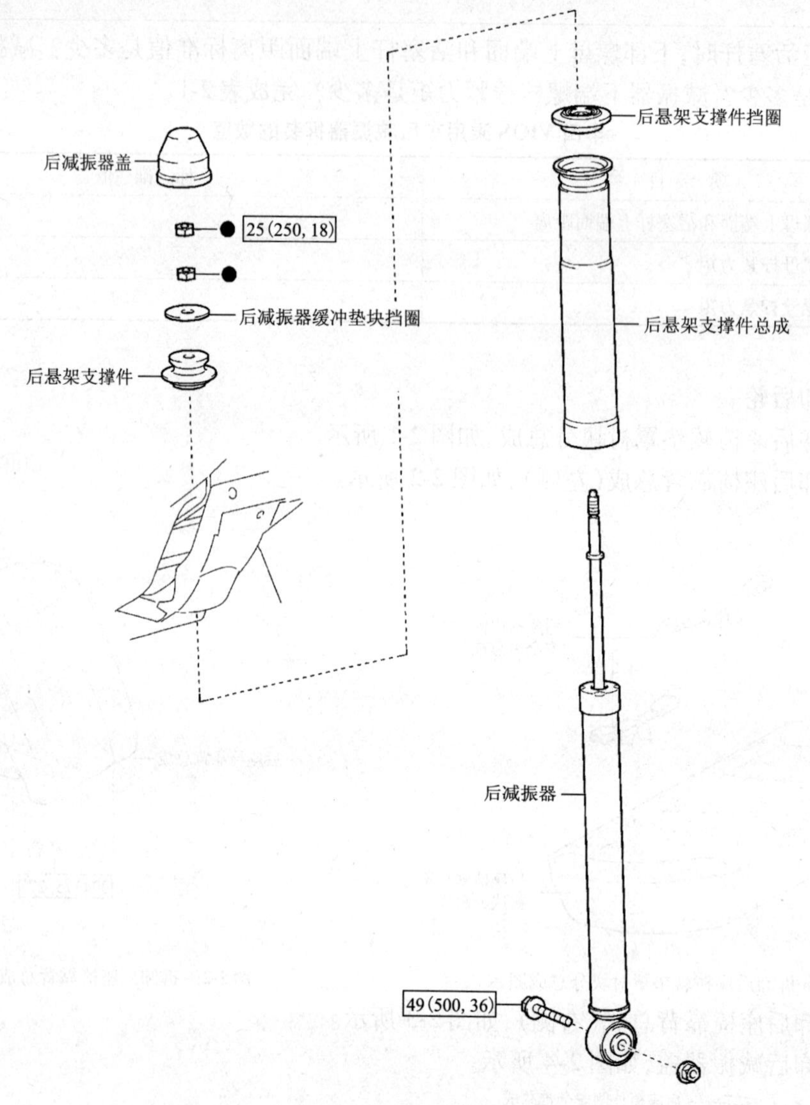

图 2-5　后减振器结构图示

①用千斤顶支撑住车桥梁，将一个木块置于千斤顶和后桥弹簧座之间，以防止损坏，如图 2-6 所示。

②拆下 2 个螺母时，要防止活塞杆转动。

③拆下缓冲垫块挡圈和悬架支撑件。

④拆下螺栓时防止螺母转动，并拆下减振器。

备注：

将螺母从螺栓侧拆下，因为下侧的螺母是卡止螺母。

（7）拆卸后悬架支撑件挡圈。

（8）拆卸后悬架支撑件总成。

安装

1. 安装后悬架支撑件总成。

2. 安装后悬架支撑件挡圈。

3. 暂时紧固后减振器。

①用千斤顶支撑后车桥梁。将一个木块置于千斤顶和后桥弹簧座之间,以防止损坏。

②用千斤顶缓慢地顶起车桥梁,暂时用螺栓和螺母将减振器(下侧)安装到车桥梁上。

③安装悬架支撑件和缓冲垫块挡圈。

④固定活塞杆时,安装新螺母(下部螺母)至规定标准,如图2-7所示。

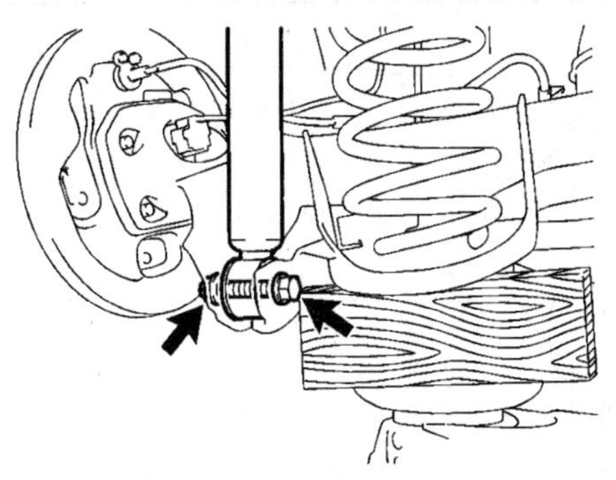

图2-6　支撑图示

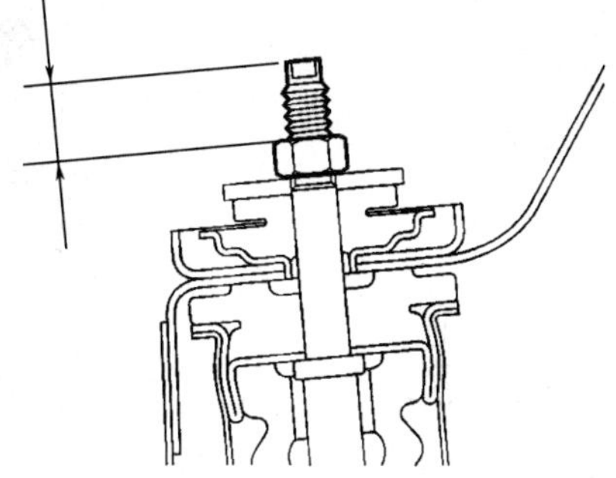

图2-7　螺母安装标准图示

标准:15～18mm(0.591～0.709in)

⑤固定活塞杆时,拧紧新螺母(上部螺母)。

扭矩:25N·m(250kgf·cm,18ft·lbf)

4. 安装后减振器盖。

5. 安装后座椅靠背总成(右侧)。

6. 安装后座椅靠背总成(左侧)。

7. 安装后座椅垫罩衬块分总成。

8. 安装后轮。

扭矩:103N·m(1050kgf·cm,76ft·lbf)

9. 稳定悬架。

①从千斤顶上降下车辆。

②使车辆上下跳振多次,以稳定悬架。

10. 充分紧固后减振器。

用螺栓充分紧固减振器(下侧)。

扭矩:49N·m(500kgf·cm,36ft·lbf)

11. 检查后轮定位。

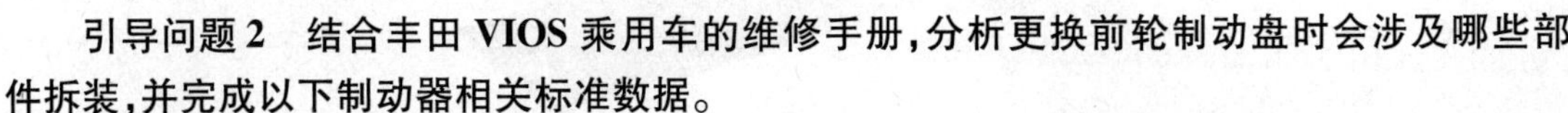

引导问题2　结合丰田VIOS乘用车的维修手册,分析更换前轮制动盘时会涉及哪些部件拆装,并完成以下制动器相关标准数据。

(1)查阅丰田VIOS乘用车维修手册,列出丰田VIOS乘用车在更换前制动盘时会涉及的相关拆装部件。

(2)查阅丰田 VIOS 乘用车维修手册,填写表 2-2 关于制动器拆装中相关的标准数据。

制动器标准数据

表 2-2

摩擦衬片标准厚度	mm	摩擦衬片最小厚度	mm
制动盘标准厚度	mm	制动盘最小厚度	mm
制动盘最大允许偏摆	mm	前轮拧紧力矩	N·m

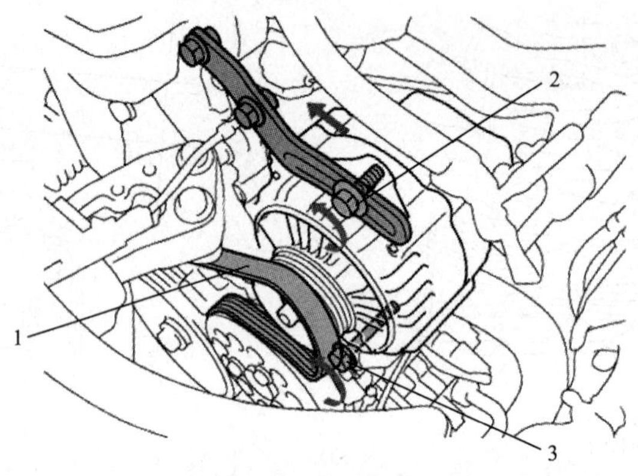

图 2-8　丰田 VIOS 乘用车附件皮带的拆装图

1-附件皮带;2、3-安装螺栓

引导问题 3　结合图 2-8 丰田 VIOS 乘用车附件皮带的安装图,查阅丰田 VIOS 乘用车维修手册,分析更换附件皮带过程中会涉及拆装的部件。

更换附件皮带过程中会涉及拆装的部件:

引导问题 4　汽车四合一检测线能够检测汽车的哪些性能?

(1)图 2-9 是某型号的汽车四合一检测线,以下的小常识是某型号的汽车四合一检测线产品特点介绍,四合一汽车检测线能检测汽车的哪些性能?在图 2-9 中标注出该检测线各部分能检测的汽车性能。

图 2-9　某型号的汽车四合一检测线

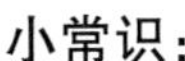

某型号的汽车四合一检测线产品特点介绍

应用领域:

四合一集中式检测线集单板侧滑检验台、悬架装置检验台和制动检验台于一体,能集中检测侧滑、悬架、轴重和制动性能。其结构紧凑,可广泛用于汽车修理厂、汽车维修部门及4S店等。

产品特点:

①体积小、结构紧凑、可实现多功能检测。

②制动台采用先进的粘砂工艺,附着系数干湿状态均在0.8以上,寿命超过20万次。

③制动台采用第三滚筒举升结构,即可通过第三滚筒控制滑移率,停机及时,有效避免磨胎现象,又可方便车辆进出。

④悬架台采用先进的共振法测力技术及滚珠导向限位结构,内摩擦小、振动板运动灵活且同步性好、检测精度高、偏置误差小。

⑤侧滑台由测试滑板和放松板组成,可对汽车侧滑进行精准的测试。

技术参数:

型号	KDZD—3 制动检验台	型号	KDXJ—2 悬架检验台	型号	KDCH—10B 单板侧滑检验台
最大允许轴荷(kg)	3000	最大允许轴荷(kg)	3000	最大允许轴荷(kg)	10000
被检车辆轮距(mm)	670 ~ 2 130	被检车辆轮距(mm)	700 ~ 2100	滑板尺寸(mm^2)	500 × 860
可测最大制动力(N)	12000	振幅(mm)	5	放松板尺寸(mm^2)	220 × 860
滚筒尺寸(mm)	ϕ245 × 730	电动机功率(kW)	2 × 1.1	测量范围(m/km)	-15.0 ~ +15.0
前后滚筒中心距(mm)	430	激振频率(Hz)	15	联结方式	单板
外形尺寸(长×宽×高)(mm^3)	2560 × 880 × 450	外形尺寸(mm^3)	2520 × 650 × 232	外形尺寸(长×宽×高)(mm^3)	726 × 860 × 80

(2)请查阅资料,说明振动式悬架检验台的测试原理。

汽车悬架装置的技术状况直接影响汽车行驶的平稳性、操纵稳定性和制动性能。随着汽车行驶速度的高速化,汽车悬架性能检测对保证车辆安全已十分重要,因此,经常检测诊断汽车悬架装置的工作性能很重要。悬架性能检测已经列入国标《汽车维修行业开业条件》(GB/T 16739—2004)和《汽车综合性能检测站能力的通用技术条件》(GB/T 17993—2005),满足和执行最新国标《营运车辆综合性能要求和检验方法》(GB 18565—2001)。悬架装置检测台采用机械扫频激振原理使被测车轮产生谐振,通过工业控制机测定有关参数的变化,来评价汽车悬架装置的性能,其中最主要的评价参数为悬架的吸收率。

SZ46—KDXJ 系列汽车悬架装置检验台是用于检测汽车悬架装置,主要是测试减振器性能优劣的专用设备,适用于汽车检测线、汽车监理部门和汽车制造厂及汽车维修行业。以下小常识是 SZ46—KDXJ 悬架检验台产品特点介绍。

小常识:

SZ46—KDXJ 悬架检验台产品特点介绍

产品特点:

①采用先进的共振法测力技术,通过快速扫频、激振原理,实现快速不解体地测定汽车悬架装置的实际状况,进而判定汽车悬架装置、主要是测试减振器性能及品质优劣。

②传感器精度高,且具有很强的抗干扰能力,测试准确,性能稳定可靠。

③振动板采用 M 形结构,停车位置准确,检测重复性好,精度高。

④采用滚珠导向限位机构,内摩擦小,振动板运动灵活且具有较好的同步性,检测偏置误差小。

⑤中文视窗界面,操作方便,易学易用,测试结果以图表和波形曲线直观表现。

⑥检测数据结果可自动存入数据库,且可方便快速实现数据查询,使用户能及时了解汽车悬架装置的状况和维修前后的情况,检测结果可打印。

⑦设有 PC 接口,可方便地与计算机联网使用。

技术参数:

最大允许轴荷 2000kg　　被检车辆轮距 800 ~ 2100mm

激振频率 15Hz　　振幅 5mm

电动机功率 2 × 1.1kW　　电源(380 ± 38)V,50Hz

电机转速 910r/min　　噪声 < 70dB

承载荷载示值误差 ±2%　　吸收率重复性误差 ±2%

偏置率重复性误差 ±2%　　振动板尺寸 700mm × 320mm

外形尺寸 2520mm × 650mm × 232mm

振动式悬架装置检验台的检测原理:

(3)请查阅资料,说明侧滑检验台的测试原理。

SZ46—KDCH 系列汽车侧滑试验台是用于检测汽车行驶时产生侧滑量和侧滑方向的专用设备,是汽车综合、安全性能检测系统的重要设备之一,也是交通监理部门,汽车修理厂及汽车制造厂理想的检验设备。

下面小常识是 SZ46—KDCH 系列汽车侧滑试验台产品特点介绍。

小常识:

SZ46—KDCH 系列汽车侧滑试验台产品特点介绍

产品特点:

①双滑板(联动或分动)和单滑板结构,满足各种检测要求。

②采用上下轴承支撑机构,滑动平稳,同步精确。

③采用高精度差动式位移传感器,测量精确。

④采用轴承导向,滚轮支撑结构,摩擦力小,滑动均匀自如。

⑤仪表采用单片机处理系统,数字显示结果并具有数字记忆功能。

⑥具有超限(检测结果超出标准范围5mm)报警功能,自动判断合格与否。

⑦结构独特,根据用户需要可实现滑板联动或分动的快速转换。

⑧设有信号输出接口(R232),便于微机自动控制系统使用。

技术参数:

最大允许轴荷10000kg　　被测车辆轮距860~2800mm

滑轮尺寸(长×宽)1000mm×860mm(单滑板) 300mm×860mm(放松板)

测量范围(-10~+10)m/km　　分辨率0.1m/km

传感器供电电压(直流)12V　　外形尺寸1306mm×860mm×80mm

侧滑检验台的测试原理:

____

____

____

____

二、方案制订与优选

引导问题5　以下的小常识是汽车减振器检测方法,汽车发动机皮带异响检查,学习小常识,列出汽车常见异响故障排除后的检验流程,完成诊断流程(图2-10)。

小常识:

汽车减振器常用检测方法

减振器是汽车使用过程中的易损配件,减振器工作好坏,将直接影响汽车行驶的平稳性和其他机件的寿命,因此,我们应使减振器经常处于良好的工作状态。可用下列方法检验减振器的工作是否良好。

①使汽车在道路条件较差的路面上行驶10km后停车,用手摸减振器外壳,如果不发热,说明减振器内部无阻力,减振器不工作。此时,可加入适当的润滑油,再进行试验,若外壳发热,则为减振器内部缺油,应加足油。

②用力按下保险杠,然后松开,如果汽车有2~3次跳跃,则说明减振器工作良好。

③当汽车缓慢行驶而紧急制动时,若汽车振动比较剧烈,说明减振器有问题。

④拆下减振器将其直立,并把下端连接环夹于台钳上,用力拉压减振杆数次,此时应有稳定的阻力,往上拉(复原)的阻力应大于向下压时的阻力,如阻力不稳定或无阻力,可能是减振器内部缺油或阀门零件损坏,应进行修复或更换零件。

小常识：

汽车发动机皮带异响检查

有两种情况可以使皮带发响：

①皮带有点儿松了，这种事情较为简单。用扳手将皮带的张紧度调整一下就可以了。

②皮带的背面（与张紧轮接触的那一面）胶皮磨光了开始出现了打滑的现象。可以自己检查一下。这种情况大都是在车辆刚刚启动时的冷车时才有皮带响的声音而且是"吱吱"声，等发动机的温度升上去了就不响了。你可以用喝水杯子接一杯水，响的时候将水倒在皮带上，如果立刻不响了，就不要再犹豫了去换皮带吧。

图 2-10　汽车常见异响故障排除后的检验流程图

三、实施与控制

引导问题 6　如何依据汽车悬架系统的评价指标实施就车、台架试验和道路检验？

（1）依据汽车悬架系统就车检验的检验项目及检验要点，完成表 2-3。

汽车悬架系统就车检验的检验项目及检验要点 表2-3

检验项目		检验要点			
检验人		检验日期		检验结论	

(2)依据汽车四合一检测线上进行悬架系统检验的步骤及检验结论,完成表2-4。

在汽车四合一检测线上进行悬架系统检验的步骤及检验结论 表2-4

检验步骤	步骤1:____ 步骤2:____ 步骤3:____ 步骤4:____ 步骤5:____ 步骤6:____ 步骤7:____ 步骤8:____
检验人	
检验日期	
检验结论	

(3)依据汽车悬架系统路试检验的检验项目及检验要点,完成表2-5。

汽车悬架系统路试检验的检验项目及检验要点 表2-5

检验项目		检验要点			
检验人		检验日期		检验结论	

引导问题7 如何依据汽车制动系统的评价指标实施就车、台架试验和道路检验?

(1)依据汽车制动系统就车检验的检验项目及检验要点,完成表2-6。

汽车制动系统就车检验的检验项目及检验要点　　表 2-6

检验项目		检验要点			
制动踏板自由行程					
制动踏板高度					
制动踏板余量					
检验人		检验日期		检验结论	

(2)以下的小资料是出现在2006年8月3日《信息时报》上关于“正确认识汽车制动系统检测”的一篇采访报道,学习后回答以下问题。

小资料:

《信息时报》关于“正确认识汽车制动系统检测”的采访报道

导语:最近炒得沸沸扬扬的汽车制动力检测问题,引起了大家的关注。好好的车,为什么在年检时“被判”制动性能不合格?真的是车子出了毛病吗?不管“真病假病”,我们至少应该搞清楚,目前国内汽车检测站是用何种方法来进行汽车制动性能的检测的。

对此问题,我们特地走访了中国汽车技术研究中心整车室主任,高级工程师李功清先生(以下简称李主任)

问:李主任,我们想了解一下,目前国内车辆综合性能检测站内,对于汽车制动性能的检测,主要采用何种方法?使用何种检测仪器?

李主任:目前,国内大部分车辆综合性能检测站都使用滚筒反力式制动检验台对车辆的制动性能进行检测,而判定该车制动性能合格与否,则需严格参照《机动车运行安全技术条件》国家标准第3号修改单(GB 7258—2004/XG3—2008)。

这种检测方式的具体执行过程是这样的:将待检车辆驶上滚筒,摆正位置后,摘入空档。启动滚筒,运行2秒钟后测得车轮阻滞力。在随后的制动过程中,仪器将对制动力增长全过程中左右轮制动力差以及各车轮的最大制动力进行测录,轮胎抱死的情况也被记录在案。按照国家标准,如果汽车制动力总和与整车重量的比值为空载时大于60%、满载时大于50%,主要承载轴的制动力与该轴的轴荷的比值为空载时大于60%、满载时大于50%,被检测车辆的制动性能就算合格。

问:您刚才说的是台试。其实,我们自己也做汽车测试,当然,我们是使用GPS测速仪以路试的方法对汽车制动性能进行测量,评价指标为制动距离。我认为,路试的方法更加接近于行车的实际情况,您怎么看?

李主任:是的,采用路试法检测制动性能的确更加直观、更加贴近行车的实际情况。运用路试的方法,可以将车辆运行过程中的各种真实动态反应汇入最终的测试结果,包括制动时的轴荷转移、悬挂组件以及转向机构对于方向稳定性的影响等。虽然无需大型设备和厂房,

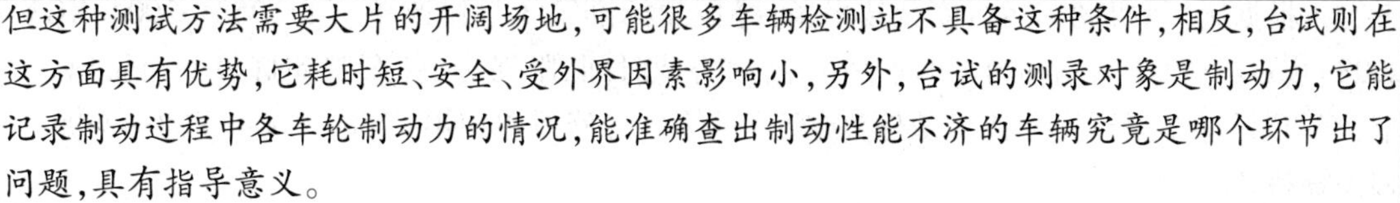

但这种测试方法需要大片的开阔场地，可能很多车辆检测站不具备这种条件，相反，台试则在这方面具有优势，它耗时短、安全、受外界因素影响小，另外，台试的测录对象是制动力，它能记录制动过程中各车轮制动力的情况，能准确查出制动性能不济的车辆究竟是哪个环节出了问题，具有指导意义。

因此，路试法比较能真实反映车辆综合制动性能；而对于检测站，台试则更加适合。当然，国家标准规定，不适合进行台试的车辆或是对台试检测结果存有疑虑时，可以直接以路试的方法进行检测，车速在50km/h，刹车距离在20m以内就合格。

问：经常听到有些司机说，他们的车制动性能很正常，到了检测站却得出不合格的结论。有时，还会出现A站检测合格，B站检测却不合格的情况。由此看来，目前被广泛采用的滚筒反力式制动检验台，在检测过程中还是会有一些影响检测结果的因素使得检测结果与实际情况有所出入。

李主任：你说得没错，检测站使用的滚筒反力式制动检验台的确存在一些影响检测结果的因素，主要表现在以下四个方面。

①胎压的影响

轮胎气压直接影响着轮胎的滚动阻力系数。胎压越低，胎体变形越大，滚动过程中的迟滞损失也越大，这样有可能造成阻滞力因过大而不合格。因此，在进行车辆制动性能检测之前，一定要确保轮胎处于标准气压状态，否则就会影响测试成绩。

②采样时机的影响

首先，我们需要知道台试测试仪器是何时进行采样的。车辆开始制动时，当车轮与大滚筒之间的滑移率达至20%时，驱动滚筒的电动机就会被关闭，以减弱滑移现象，减轻对轮胎的不必要磨损。事实上，台试过程中，滚筒转动的速度并不高，车轮旋转的速度也达不到通常制动情况下的旋转速度。因此，所测制动力的上升速度也会受到影响，制动协调时间也会变长，这将给采样时机的准确选取带来难度。如果采样时机太早，就会使测得的制动力比车辆真实的最大制动力小，车辆就有可能被误判为制动性能不合格。

③车轮抱死滑移的影响

台试时，车辆处于空载状态，使轮胎附着力比正常情况低。另外，车辆在台试时只有车轮随滚筒旋转，真实制动过程中的荷重前移现象就不存在，进一步降低制动时前轮的附着力，因此前轮与滚筒之间容易出现抱死滑移现象，影响制动测试成绩。

④人为因素的影响

当然，我们不能确保检测站的每位检测员都不犯错误，他们在检测过程中的疏忽或不规范同样会对制动检测结果产生影响。

通过李主任的介绍和分析，相信各位读者已经对车辆年检过程中的制动性能检测有了较为全面的认识。目前国内车辆综合性能检测站通常使用的台试检测法简单、迅速、安全、经济，但同样存在一些不足。鉴于此，如果在年检时，被测出车辆制动性能不合格，不要着急，国家对汽车制动安全的要求标准，除了台架测试制动力之外，还有另一个指标，就是车速50km/h，刹车距离必须在20m以下。如果滚筒测试不合格，路试也不合格，你的爱车就真的需要接受“治疗”了。不管怎样，悉心爱护自己的车辆，令它时刻保持最佳状态，于人于己都有好处，这才是最值得推崇的用车态度。

①根据国标《机动车运行安全技术条件》国家标准第3号修改单(GB 7258—2004/XG3—2008)规定,对汽车的制动力、制动平衡、制动协调时间、阻滞力、驻车制动灯等方面做出了要求,查阅《机动车运行安全技术条件》国家标准第3号修改单(GB 7258—2004/XG3—2008)的相关资料,完善表2-7。

《机动车运行安全技术条件》国家标准第3号修改单(GB 7258—2004/XG3—2008)的制动检验标准

表2-7

制动检验项目	检验要求
制动力	前轴制动力与前轴荷之比≥______%;制动力总和与整车重量之比,空载≥60%,满载≥50%;乘用车和总质量不大于3 500kg的货车后轴制动力与后轴荷之比≥20%。
制动平衡	在制动力增长的全过程中同时测得的左右轮制动力差的最大值,与全过程中测得的该轴左右轮最大制动力中大者之比,前轴不应大于______%;对后轴(及其他轴)在轴制动力不小于该轴轴荷的60%时,不应大于______%;当后轴(及其他轴)轴制动力小于该轴轴荷的60%时,在制动力增长全过程中同时测得的左右轮制动力差的最大值不应大于该轴轴荷的______%。
协调时间	对采用液压制动系的车辆不得大于______s;对采用气压制动系的车辆不得大于______s;汽车列车和铰接客车、铰接式无轨电车的制动协调时间不应大于0.80s。
阻滞力	进行制动力检测时车辆各轮的阻滞力均不得大于该轴轴荷的______%。
驻车制动力	驻车制动力总和应不小于该车在测试状态下整车重量的______%;对总质量为整备质量1.2倍以下的车辆此值为______%。
制动完全释放时间	汽车制动完全释放时间(从松开制动踏板到制动消除所需要的时间)不应大于______s。
制动踏板力或制动气压	(1) 满载检验时 ①气压制动系:气压表的指示气压≤额定工作气压 ②液压制动系:踏板力,乘用车≤______N 其他机动车≤700N (2) 空载检验时 ①气压制动系:气压表的指示气压≤600kPa ②液压制动系:踏板力,乘用车≤______N 其他机动车≤450N

②每次在检测完毕后,都有一些车辆的制动数据不符合要求,造成制动数据不合格的因素很多,请分析后完善表2-8。

制动数据不合格的因素分析

表2-8

序号	制动数据不符合要求的各种情况	主要原因分析
1	各车轮制动力均偏低	制动踏板自由行程太大,制动液中有空气或制动液变质,制动主缸故障,真空助力器或液压助力系统有故障
2	同制动回路两车轮制动力均偏小	
3	单个车轮制动力偏小	
4	后轴车轮均存在制动力偏小	
5	制动力平衡不合格	
6	各车轮阻滞力都超限	
7	个别车轮阻滞力超限	
8	各车轮制动协调时间过长	制动踏板自由行程过大;车轮制动器间隙过大
9	驻车制动不合格	驻车制动调整不良;驻车制动机构因长期不用造成锈蚀卡滞

引导问题8　如何在发动机附件皮带及张紧轮更换完成后实施就车及路试检验？

(1)汽车发动机附件皮带及张紧轮更换完成后，依据就车检验的检验项目及检验要点，完成表2-9。

汽车发动机附件皮带就车检验的检验项目及检验要点　表2-9

<table>
<tr><td colspan="2">检 验 项 目</td><td colspan="4">检　验　要　点</td></tr>
<tr><td colspan="2">皮带张紧力</td><td colspan="4"></td></tr>
<tr><td colspan="2">发动机怠速运转</td><td colspan="4"></td></tr>
<tr><td colspan="2">发动机中速运转</td><td colspan="4"></td></tr>
<tr><td colspan="2">发动机高速运转</td><td colspan="4"></td></tr>
<tr><td colspan="2"></td><td colspan="4"></td></tr>
<tr><td colspan="2"></td><td colspan="4"></td></tr>
<tr><td>检验人</td><td></td><td>检验日期</td><td></td><td>检验结论</td><td></td></tr>
</table>

(2)汽车发动机附件皮带及张紧轮更换完成后，依据路试检验的检验项目及检验要点，完成表2-10。

汽车发动机附件皮带路试检验的检验项目及检验要点　表2-10

<table>
<tr><td colspan="2">检 验 项 目</td><td colspan="4">检　验　要　点</td></tr>
<tr><td colspan="2"></td><td colspan="4"></td></tr>
<tr><td colspan="2"></td><td colspan="4"></td></tr>
<tr><td colspan="2"></td><td colspan="4"></td></tr>
<tr><td colspan="2"></td><td colspan="4"></td></tr>
<tr><td colspan="2"></td><td colspan="4"></td></tr>
<tr><td colspan="2"></td><td colspan="4"></td></tr>
<tr><td>检验人</td><td></td><td>检验日期</td><td></td><td>检验结论</td><td></td></tr>
</table>

四、评价与反馈

1.小组成果展示

(1)简述本小组收获与体会：

①________________________________；

②________________________________；

③________________________________。

(2)你对其他小组的建议：

①________________________________；

②________________________________。

2. 课堂过程评价表(表2-11)

课堂过程评价表

表2-11

考核项目	评分标准	分数	学生自评	小组互评	教师评价	小计
团队合作	是否和谐	5				
活动参与	是否精彩	5				
安全生产	有无安全隐患	10				
现场5S	是否做到	10				
任务方案	是否正确、合理	15				
操作过程	汽车制动异响质量检验方法; 汽车减振器异响质量检验方法; 汽车附件皮带异响质量检验方法; 是否规范	30				
任务完成情况	是否圆满完成	5				
工具、设备使用	是否规范、标准	10				
劳动纪律	是否能严格遵守	5				
工单填写	是否完整、规范	5				
总分		100				
教师签字:			年 月 日		得分	

注意:没有按照操作流程操作,以致出现人身伤害或设备严重事故的学生,本任务考核为0分。

学习任务3　汽车整车大修项目竣工检验

工作情境描述

一辆丰田威驰轿车与其他车辆发生碰撞，致使车辆的发动机舱严重变形，该丰田威驰轿车已在机电维修小组、汽车钣金小组、汽车油漆小组完成了整车的大修，现要求你在路试条件下、汽车安全性能检测线上完成该车的整车大修竣工检验。

学习目标

通过本学习任务的学习，你应当能：

1. 根据汽车全车大修的维修作业工单，掌握全车大修的竣工检验安全性能检测项目，如整车外观、尾气排放检测、侧滑检测、制动性能检测、车速表检测、前照灯检测、噪声检测、发动机性能检测、底盘系统检测等内容与检测要点；

2. 准确地填写汽车安全性能检测线的检验单及对给定的安全性能检验单进行判定。

建议学习时间：34h

引导问题

一、任务准备

引导问题1　汽车整车大修后需要检验哪些项目？

以下的小资料是《汽车大修竣工出厂技术条件——载客汽车部分》，请仔细阅读后列举出汽车整车大修后需要检测的项目。

(1)____________________；(2)____________________；

(3)____________________；(4)____________________；

(5)____________________；(6)____________________；

(7)____________________；(8)____________________；

(9)____________________；(10)____________________；

(11)____________________；(12)____________________；

(13)____________________；(14)____________________；
(15)____________________；(16)____________________；
(17)____________________；(18)____________________；
(19)____________________；(20)____________________。

引导问题 2　汽车安全检测线常用的主要设备有哪些？

图 3-1 是国内某五工位全自动式安全检测线的工位布置图，一般由汽车资料输入及安全装置检查工位、侧滑制动车速表工位、灯光尾气工位、车底检查工位（带有地沟）、综合判定及主控制室工位组成，请根据图 3-1 列举汽车安全检测线常用的检测设备，完成表 3-2。

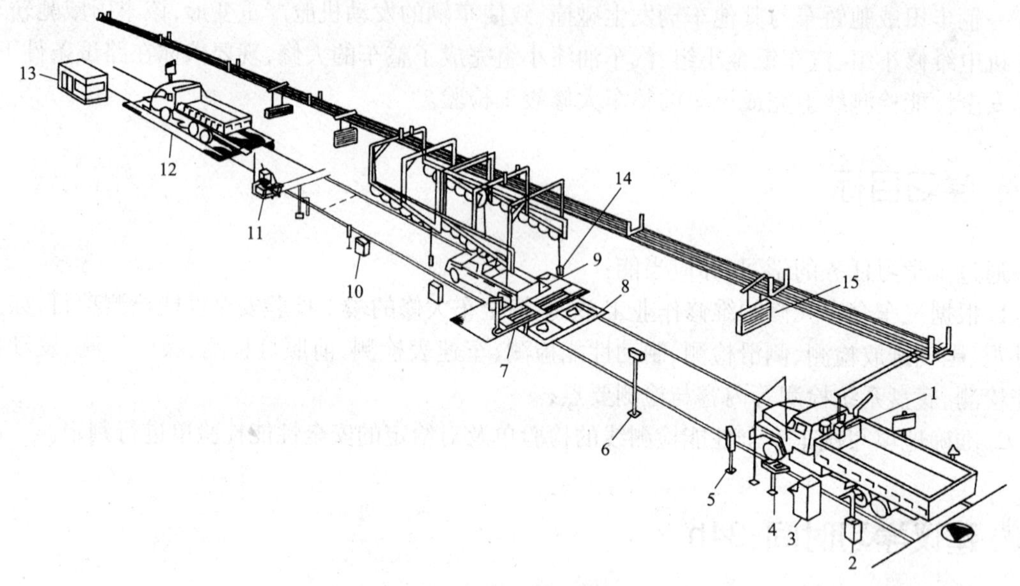

图 3-1　国产五工位全自动式安全检测线

1-进线指示灯；2-烟度计；3-汽车资料登录微机；4-安全装置检查不合格项目输入键盘；5-烟度计检验程序指示器；6-电视摄像机；7-制动试验台；8-侧滑试验台；9-车速表试验台；10-废气分析仪；11-前照灯检测仪；12-车底检查工位；13-主控制室；14-车速表检测申报开关；15-检验程序指示器

小资料：

中华人民共和国国家标准
汽车大修竣工出厂技术条件 第 1 部分：载客汽车
GB/T 3798.1—2005

1　范围

GB/T 3798 的本部分规定了载客汽车大修竣工出厂的技术要求及质量保证要求。

本部分适用于大修竣工出厂的载客汽车。

2　规范性引用文件

下列文件中的条款通过 GB/T 3798 的本部分的引用而成为本部分的条款。凡是注日期的

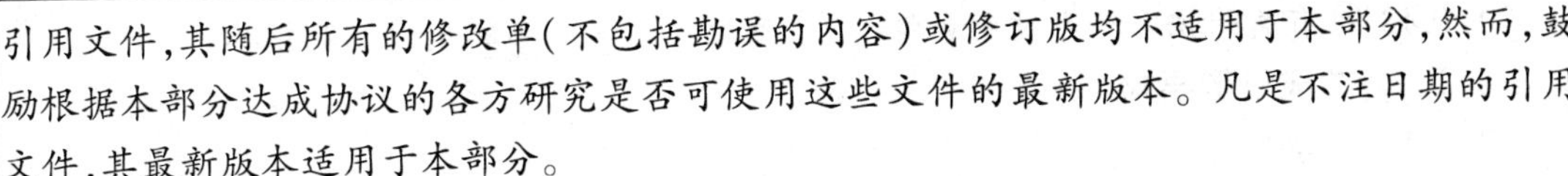

引用文件,其随后所有的修改单(不包括勘误的内容)或修订版均不适用于本部分,然而,鼓励根据本部分达成协议的各方研究是否可使用这些文件的最新版本。凡是不注日期的引用文件,其最新版本适用于本部分。

GB 1495 汽车加速行驶车外噪声限值及测量方法

GB/T 3799.1 商用汽车发动机大修竣工出厂技术条件 第1部分:汽油发动机

GB/T 3799.2 商用汽车发动机大修竣工出厂技术条件 第2部分:柴油发动机

GB/T 5336 大客车车身修理技术条件

GB 7258 机动车运行安全技术条件

GB/T 18276 汽车动力性台架试验方法和评价指标

GB 18565 营运车辆综合性能要求和检验方法

3 术语和定义

下列术语和定义适用于本部分。

3.1 载客汽车 passenger vehicle

在设计和技术特性上用于载运乘客及其随身行李的包括驾驶员座位在内座位数超过9座的汽车。

4 技术要求

4.1 基本要求

4.1.1 整车外观应整洁、完好、周正,附属设施及装备应齐全、有效。

4.1.2 主要结构参数应符合原设计规定,由修理改变的整备质量,不得超过新车出厂额定值的3%。

4.1.3 左右轴距差不得大于原设计轴距的1/1000。

4.1.4 各部运行温度正常,各处无漏油、漏水、漏电、漏气现象。

4.1.5 各仪表运行正常,指示正确。

4.1.6 发动机、底盘等各总成均应按原设计规定喷(涂)漆。

4.1.7 润滑及其他工作介质的使用要求:

a)各滑脂(油)嘴应装配齐全、功能有效,各总成应按原设计规定加足润滑剂;

b)动力转向装置、变速器、分动器、主减速器、液力传动装置、发动机冷却系统、气压制动防冻装置、液压制动装置、空调冷媒、风窗清洗装置等均应按原设计要求,加注规定品质与数量的介质。

4.1.8 各总成与车架联结部位的支撑座、垫应齐全,稳定可靠。

4.1.9 全车所有螺栓、螺母应装备齐全,锁止可靠。关键部位螺栓、螺母的扭紧顺序和力矩应符合原制造厂维修技术要求;一般紧固件应牢固可靠,不得有松动、缺损现象。一次性锁止螺栓不得重复使用。

4.1.10 各铆接件的结合面应贴合紧密;铆钉应充满钉孔、无松动;铆钉头不应有裂纹、缺损或残缺现象;不得用螺栓连接代替铆钉。

4.1.11 各焊接部位应按规律焊接,焊缝应平稳、光滑;不应有夹渣、裂纹等焊接缺陷。

4.1.12 影响汽车行驶安全的转向系、制动系和行驶系的关键零部件,不得使用修复件。

4.1.13 对有关悬挂减振系统的大修作业，不应改变其原车的平稳性能指标。

4.2 各总成机构要求

4.2.1 发动机

发动机应符合 GB/T 3799.1 和 GB/T 3799.2 的规定。

4.2.2 转向操纵机构

4.2.2.1 转向盘应转动灵活、操纵轻便，无异响，无偏重或卡滞现象。转向机构各部件在汽车转向过程中不得与其他部件相干涉。

4.2.2.2 转向盘应能自动回正，具有稳定的直线行驶能力。在平坦的道路上行驶不得有摆振或其他异常现象，曲线行驶时不得出现过度转向。

4.2.2.3 转向盘的最大自由转动量，应符合 GB 7258 中有关条款的要求。

4.2.2.4 汽车转向轮的横向侧滑量，应符合 GB 7258 中有关条款要求。

4.2.2.5 车轮定位、最大转向角应符合原设计规定。

4.2.2.6 转向节及臂，转向横、直拉杆及球销应无裂纹和损伤；并且球销不得松旷，横、直拉杆不得拼焊。

4.2.3 传动机构

4.2.3.1 离合器接合平稳、分离彻底、操作轻便、工作可靠，不得有异响、打滑或发抖现象；踏板力不大于 300N。

4.2.3.2 离合器踏板的自由行程、有效行程应符合原设计规定；动作时不应与其他非相关件发生干涉，放松踏板能迅速回位。衬套与轴的配合应符合原制造厂维修技术要求。

4.2.3.3 手动变速器及分动器应换挡轻便、准确可靠；互锁和自锁装置有效，不得有乱挡和自行跳挡现象；运行中无异响；正常情况下不过热。

4.2.3.4 自动变速器的操纵装置除位于 P、N 外的任何换位，发动机均应不能起动；当位于 P 挡时，应有驻车锁止功能；车辆行驶中能按规定的换挡点进行升、降挡；换挡平顺、不打滑，无冲击、无异响。正常情况下不过热。

4.2.3.5 传动轴及中间轴承应正常工作，无松旷、抖动、异响及过热现象。装备有缓速器的车辆，缓速器应作用正常有效，缓速率应符合原设计要求。

4.2.3.6 主减速器、差速器和轮边转速器应正常工作，无异响，正常工况下不过热。

4.2.4 行走机构

4.2.4.1 车轮总成的横向摆动量和径向跳动量应符合 GB 7258 中有关条款的要求。

4.2.4.2 最大设计车速不小于 100km/h 的汽车，车轮应进行动平衡试验，其动不平衡质量应不大于 10g。

4.2.4.3 汽车装用的轮胎应与其最大设计车速相适应。

4.2.4.4 轮胎胎冠和胎侧不得有足以暴露出轮胎帘布层的破裂和割伤。

4.2.4.5 轮胎胎冠上的花纹深度应符合 GB 7258 中有关条款的要求；同轴上装用的轮胎型号、品种、花纹应一致；汽车转向轮不得装用翻新轮胎；轮胎气压应符合原设计规定；用滚型工艺制作的轮辋损坏后必须换装相同的轮辋。

4.2.4.6 转向节与衬套的配合及轮毂轴承预紧度应符合原制造厂维修技术要求。

4.2.4.7 非独立悬架式车辆，转向节与衬套的配合，轴颈与轴承的配合，轴承预紧度调整符合原制造厂维修技术要求，无异响，正常工况下不发热；减震器、钢板弹簧，作用良好、有效，无异响；各部连接杆件不松旷。

4.2.4.8 独立悬架式车辆，转向节上下球销不松旷；轴承与轴颈的配合，轴承预紧度调整符合原制造厂维修技术要求，无异响，正常工况下不发热；减震弹簧、扭杆弹簧、气囊弹簧、减震器，作用正常有效，无异响；各部连接杆件衬套、球销、垫片，齐全不松旷。

4.2.5　制动机构

4.2.5.1 汽车在行驶中无自行制动现象。

4.2.5.2 采用气压制动的汽车，制动系统的装备及其性能应符合 GB 7258 中有关条款的规定。

4.2.5.3 制动系装备的比例阀、限压阀、感载阀、惯性阀或制动防抱死装置，应工作正常有效。

4.2.5.4 装有排气制动的柴油车，当排气制动装置关闭 3/4 行程时，联动机构应使喷油泵完全停止供油；而当排气制动装置开启时，又能正常供油。

4.2.5.5 制动踏板的自由行程、有效行程应符合原设计规定。动作时不应与其他非相关件发生干涉，放松踏板能迅速回位；衬套与轴的配合应符合原制造厂维修技术要求。采用液压制动的汽车踏板行程应符合 GB 7258 中有关条款的规定。

4.2.5.6 驻车制动操纵杆的有效行程应符合原设计规定。动作时不应与其他非相关件发生干涉。衬套与轴的配合应符合原制造厂维修技术要求。

4.2.6　车身、车架

4.2.6.1 车身应符合 GB/T 5336 的规定。

4.2.6.2 车身、保险杠及翼子板左右对称，各对称部位离地面高度差不大于 10mm。

4.2.7　照明和信号装置及其他电气设备

4.2.7.1 全车电气线路应布置合理、连接正确；线束包扎良好、牢固可靠；线束通过孔洞处应有防护设施，且距离排气管不小于 300mm；导线规格及线色符合规定，接头牢固、良好；保险丝、熔断线及继电器的使用应符合原设计规定；裸露的电气接头及电气开关应距燃油箱的加油口和通气口 200mm 以上。

4.2.7.2 灯光、信号、电器设备等及其控制装置应齐全有效，各元器件性能良好，工作正常，符合原设计要求。

4.2.7.3 前照灯光束的照射位置和发光强度应符合 GB 18565 中有关条款的规定。

4.2.7.4 装备有空调系统的载客汽车空调性能应符合原设计要求。

4.2.7.5 装备有其他与制动、行车安全有关的电子控制系统的元器件，应按原设计装备齐全，监控有效、正常。电子控制装置（ECU）应无故障码显示。

4.2.7.6 蓄电池外观应整洁、安装牢固，桩头完好、正负极标志分明，桩卡头及搭铁线连接牢实；电解液密度、液面高度及电压差应符合规定。

4.3　主要性能指标要求

4.3.1　动力性

台架测试汽车额定转矩转速下的驱动轮输出功率应符合 GB/T18276 的规定。

环境温度在288K ~303K(15℃ ~30℃)范围内,海拔高度变化后,驱动轮输出功率可按公式(1)进行修正。

$$P_{修正} = P_{输出}/k \tag{1}$$

式中:$P_{修正}$——修正功率,kW;

$P_{输出}$——驱动轮输出功率,kW;

k——不同海拔高度输出功率修正系数,见表1。

不同海拔高度的输出功率修正系数　　表1

海拔高度/m	1 000	2 000	3 000	4 000	5 000
汽油机修正系数 k	0.87	0.77	0.67	0.57	0.47
柴油机修正系数 k	0.93	0.85	0.77	0.69	0.61

4.3.2　经济性

汽车大修走合期满后,每百公里燃料消耗量不得大于该车型原设计规定的相应车速等速百公里燃料消耗量的105%。

4.3.3　排放性能

各种排放控制装置应齐全、有效,汽车的排放指标应符合国家标准的要求。

4.3.4　制动性能

4.3.4.1 试验台或道路检验制动性能,应符合GB 18565中有关条款的规定。

4.3.4.2 制动系装有比例阀、限压阀、感载阀、惯性阀或制动防抱死装置的,在试验台上达不到规定制动力的车辆,应以满载路试的检验结果为准。装用ABS的汽车的制动性能应符合国家标准的规定。

4.3.5　滑行性能

滑行性能应符合GB 18565中有关条款的规定。

4.3.6　转向轻便性

转向轻便性应符合GB 18565中有关条款的规定。

4.3.7　汽车噪声

4.3.7.1 车内噪声应符合GB 7258的有关规定。

4.3.7.2 车外噪声应符合GB 1495的有关规定。

4.3.8　喇叭声级

应符合GB 7258的有关规定。

5　质量保证

5.1 大修竣工出厂的汽车,经检验合格,应签发“汽车大修出厂合格证”及有关技术文件。

5.2 承修单位对大修竣工的汽车应给予质量保证,质量保证期自出厂之日起,不少于半年或行驶里程不少20000km(以先到者为准)。

汽车安全检测线常用的检测设备　　表3-2

序号	设 备 名 称	序号	设 备 名 称

二、方案制订与优选

引导问题3　说明汽车整车大修后在安全检测线上按照怎样的顺序完成检测?

参照图3-1国内某五工位全自动式安全检测线的工位布置图,参照图3-2中给出的安全检测的工艺流程1,查阅其他类汽车安全检测线的资料,另外制订至少两种汽车整车大修后安全检测的工艺流程,并分析每种检测工艺流程优缺点,完成图3-3、图3-4。

三、实施与控制

引导问题4　汽车整车大修后整车外观检查工位的内容及检查要点有哪些?

(1)汽车外观检视的必要性。

①____

②____

(2)汽车外观检查的要求有哪些具体项目。

由检查人员人工检查汽车的灯光、安全装置、防护装置、操纵装置、工作仪表和车身等是否装备齐全、工作正常、连接可靠和符合规定,检查的重点是灯光和安全装置。具体检查项目如表3-3所示。

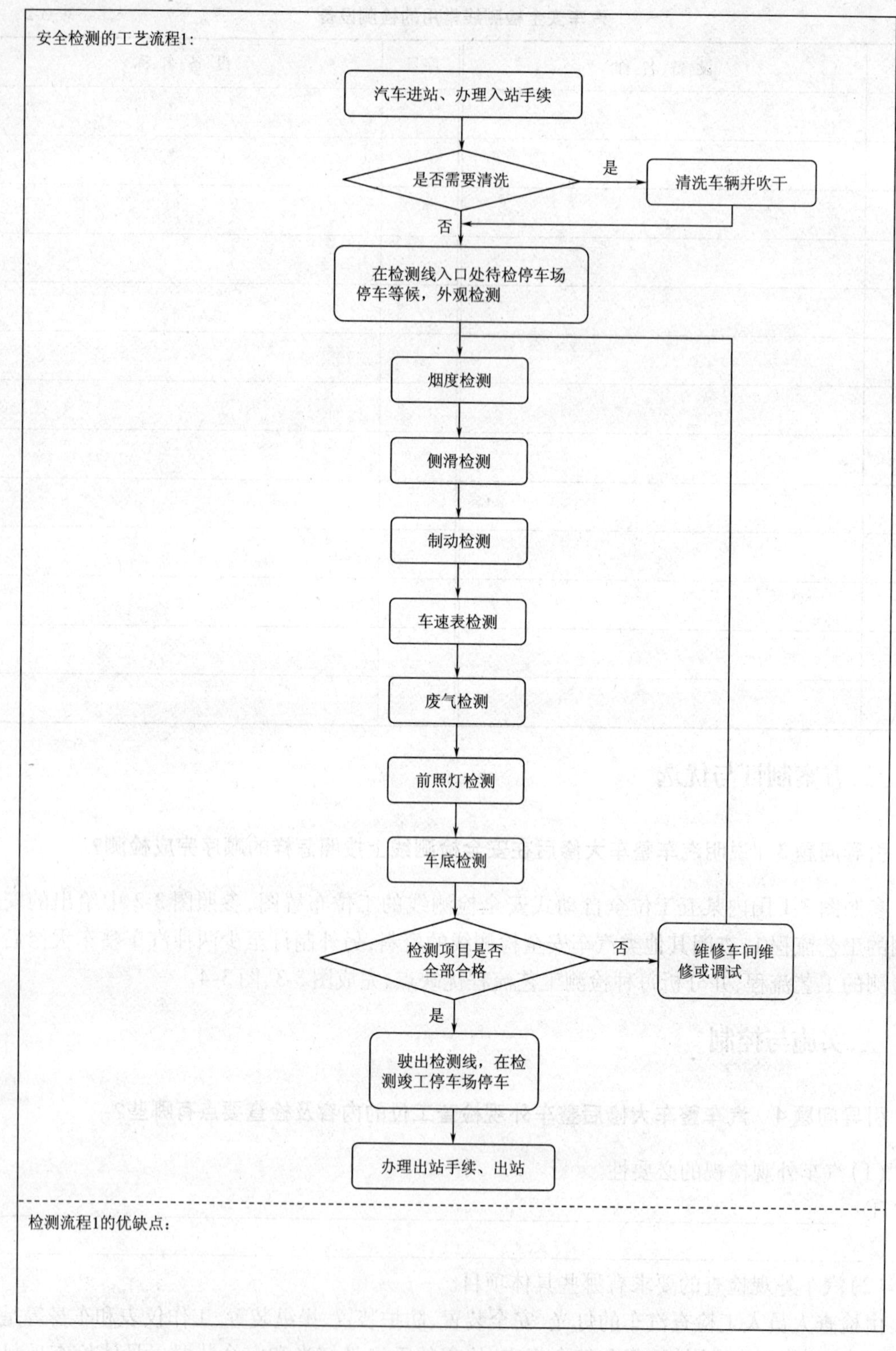

图 3-2　汽车安全检测的工艺流程 1

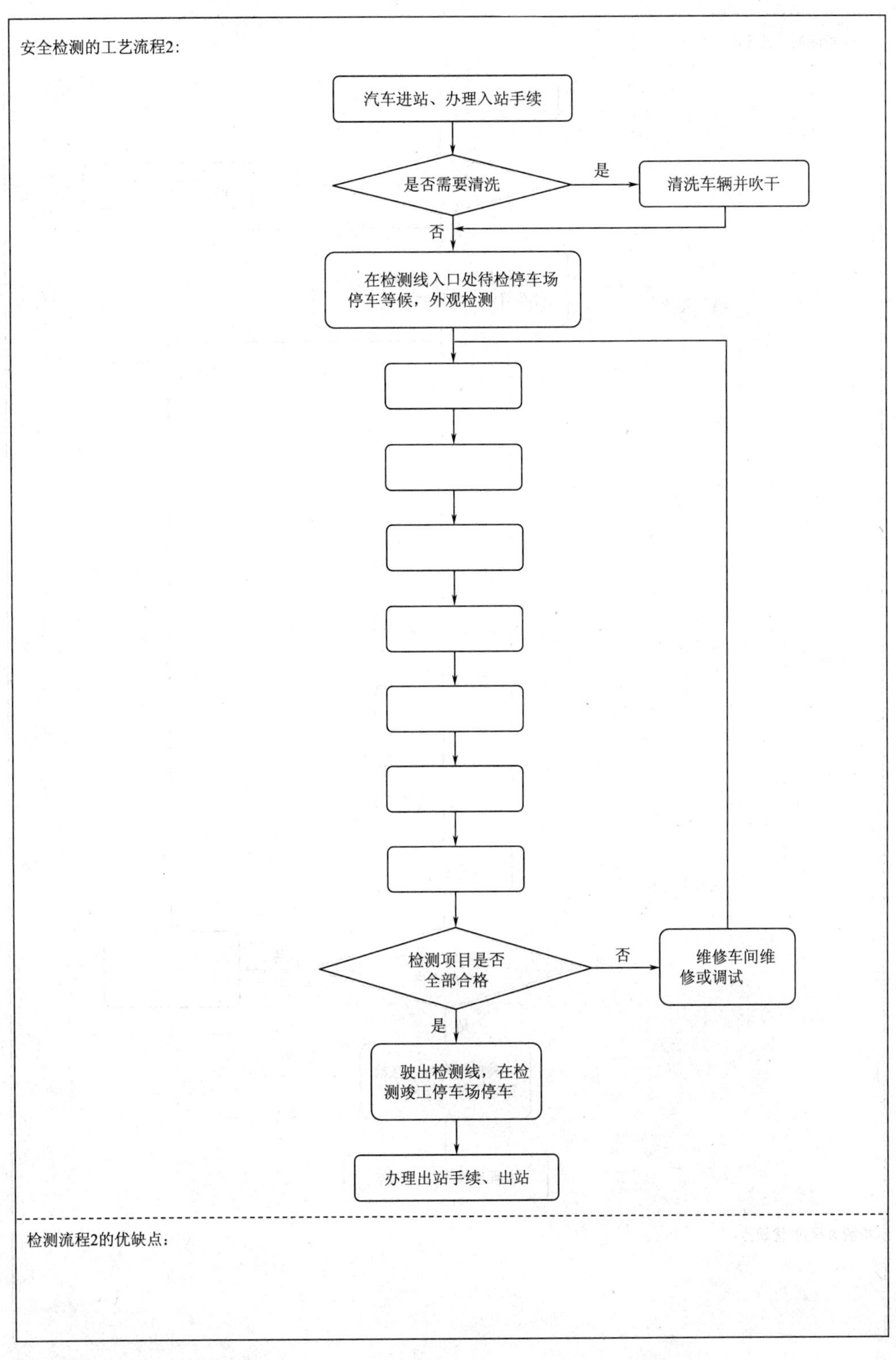

图3-3　汽车安全检测的工艺流程2

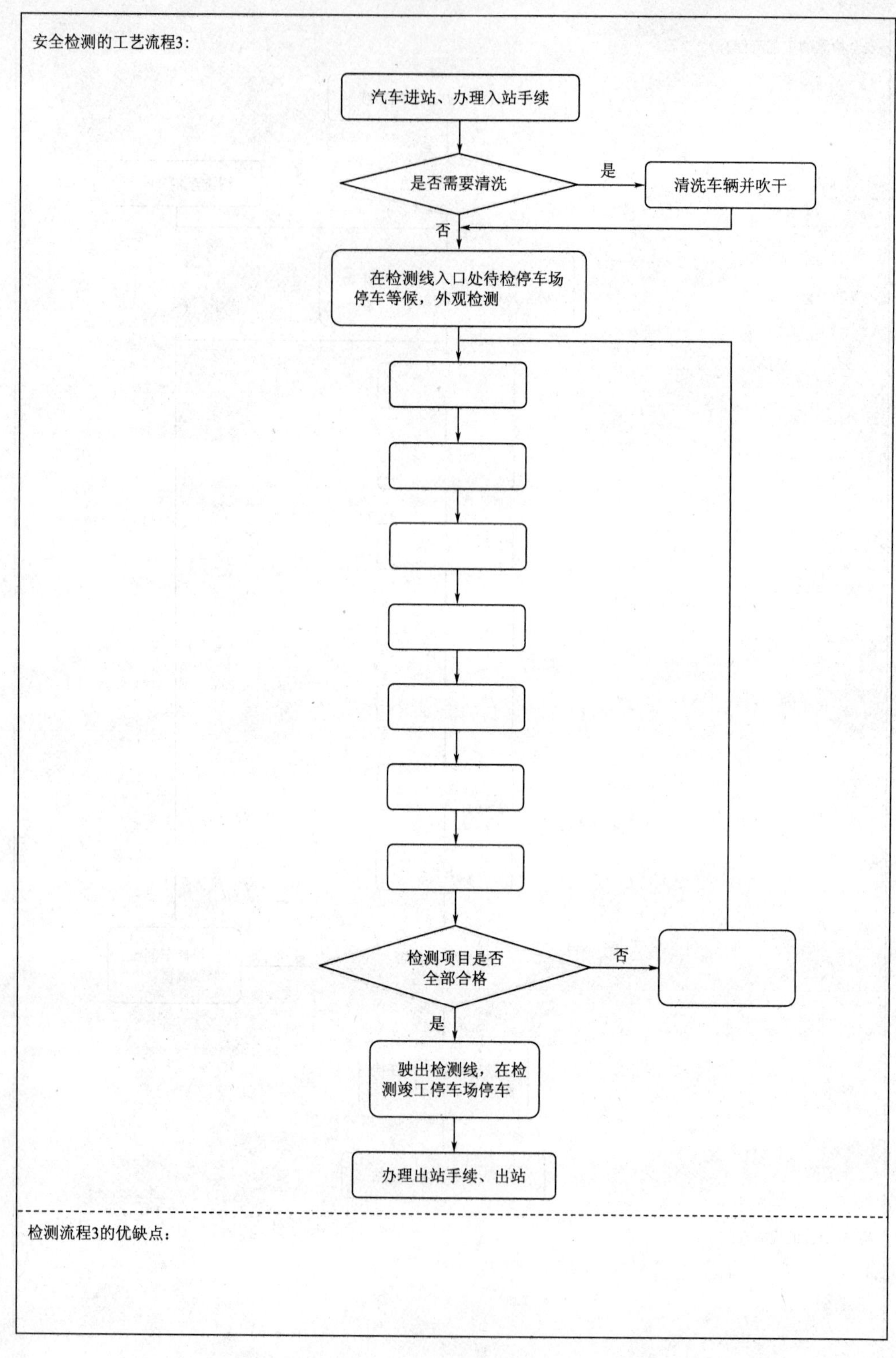

图 3-4　汽车安全检测的工艺流程 3

汽车外观检查项目及检查记录表

表3-3

序号	检 查 项 目	检 查 要 点	检查结论（合格:"√" 不合格:"×"）
1	远光灯		
2	近光灯		
3	制动灯		
4	倒车灯		
5	牌照灯		
6	示廓灯、辅助灯、标志灯		
7	室内灯		
8	车厢、座位		
9	车门、车窗		
10	车身、漆面		
11	后视镜、下视镜、俯视镜		
12	风窗玻璃		
13	刮水器		
14	喇叭		
15	轮胎、轮胎螺栓		
16	离合器、变速器		
17	制动踏板自由行程		
18	驻车制动器操纵杆		
19	转向盘自由转动量		
20	油箱、加油口盖		
21	挡泥板		
22	防护网及连接装置		
23	电器导线		
24	起动机		
25	发电机、蓄电池		
26	灭火器		
27	仪表、仪表灯		
28	润滑油低压报警器		
29	半轴螺栓		
30	座椅安全带		

引导问题 5　汽车排放性能的检测工位的检测指标有哪些，如何检测？

学习以下小常识中关于汽车排放污染物的基本常识，回答以下的几个问题。

小常识：

汽车排放污染物的基本常识

汽车公害主要有三种：空气污染、噪声污染和电磁(波)污染，尤其以空气污染为最。

汽车排放的污染物主要有：CO(一氧化碳)、HC（碳氢化合物）、NO_x(氮氧化合物)、微粒物、硫化物、炭烟及其他一些有害物。在相同工况下，汽油机排放的 CO、HC 和 NO_x 排放量比柴油机大。因此，目前的排放法规对汽油机主要限制 CO、HC 和 NO_x 的排放量。柴油机燃烧时混合气形成时间非常短，在空气不足或混合气不均匀的情况下，主要是产生炭烟污染，因此排放法规主要限制柴油机排气的烟度。

汽车排气污染物主要有 3 个来源：

(1)发动机排气管排出的废气(亦称尾气)：在汽车排放的污染物中，约有占 HC 总排量 55% 的 HC 和绝大部分 CO、NO_x、SO_2、微粒等都是由排气管排出的。

(2)曲轴箱窜气：曲轴箱窜气的主要成分是 HC(占 HC 总排量的 20% ~25%)，其余还有 CO、HC、NO_x、SO_2 等成分。

(3)汽油蒸汽：主要是油箱中的汽油蒸汽和化油器的浮子室(化油器发动机)中的汽油蒸汽因受温度的影响，汽油蒸汽蒸发散入大气。上述各处排放的主要是 HC，约占 HC 总排量的 20%。

(1)表 3-4 为柴油车自由加速烟度排放标准值，柴油车自由加速烟度排放值一般用滤纸式烟度计测量，图 3-5 为滤纸式烟度计的结构简图，请对照图 3-5 说明滤纸式烟度计的基本结构和工作过程。

柴油车自由加速烟度排放标准值　　表 3-4

车　别	烟度值 FSN
1995 年 7 月 1 日以前的定型汽车	4.0
1995 年 7 月 1 日以前新生产汽车	4.5
1995 年 7 月 1 日以前生产的在用汽车	5.0
1995 年 7 月 1 日起的定型车	3.5
1995 年 7 月 1 日起的新生产汽车	4.0
1995 年 7 月 1 日起生产的在用汽车	4.5

基本组成：

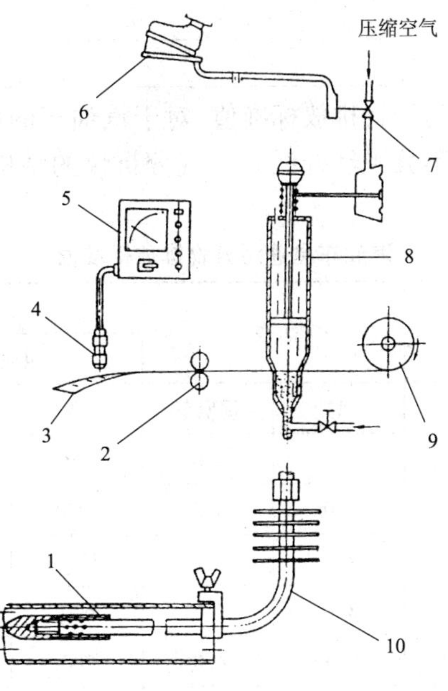

图 3-5　滤纸式烟度计的结构简图

工作过程：

____

____

____

____

(2)图 3-6 为滤纸式烟度计的自由加速烟度测量规程，请查阅资料，说明用滤纸式烟度计测量柴油机烟度的测量步骤。

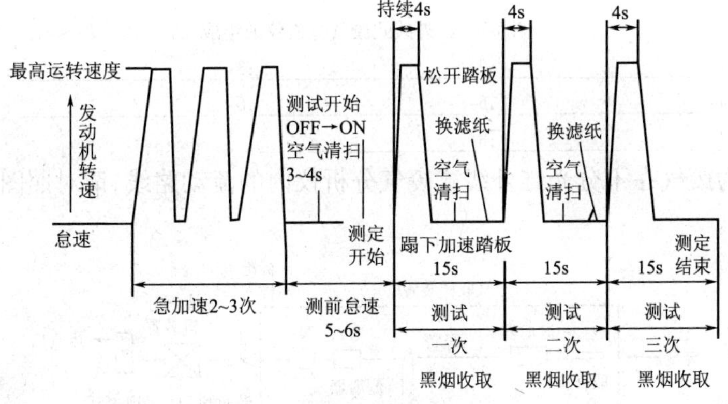

图 3-6　自由加速烟度测量规程

测量步骤：

____

____

____

____

(3)表3-5为汽油车怠速污染物排放标准值,对于汽油车的排放污染物,一般用不分光红外线式废气分析仪进行检测,不分光红外线式废气分析仪的结构如图3-7,请标注出图3-7中各个元件的名称。

汽油车怠速污染物排放标准值 表3-5

项　目	CO(%)		HC(×10⁻⁶)			
			四冲程		二冲程	
车型类别	轻型车	重型车	轻型车	重型车	轻型车	重型车
1995年7月1日以前的定型汽车	3.5	4.0	900	1200	6500	7000
1995年7月1日以前新生产汽车	4.0	4.5	1000	1500	7000	7800
1995年7月1日以前生产的在用汽车	4.5	5.0	1200	2000	8000	9000
1995年7月1日起的定型车	3.0	3.5	600	900	6000	6500
1995年7月1日起的新生产汽车	3.5	4.0	700	1000	6500	7000
1995年7月1日起生产的在用汽车	4.5	4.5	900	1200	7500	8000

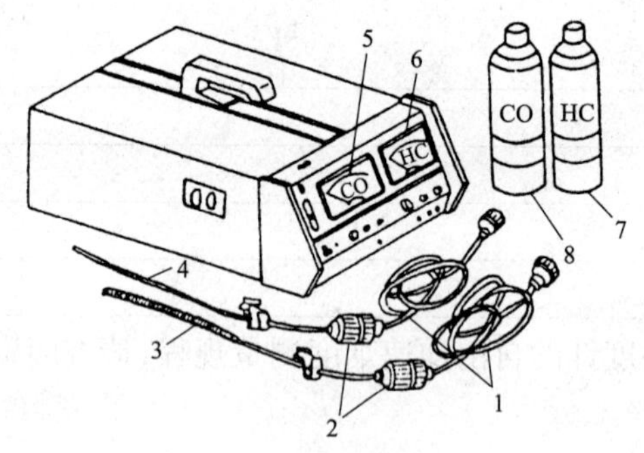

图3-7　红外线式废气分析仪的组成

1-__________;2-__________;3-__________;
4-__________;5-__________;6-__________;
7-__________;8-__________

(4)图3-8为废气在不分光红外线式废气分析仪内的流动路线,请对照图3-8对废气的流动路线进行描述。

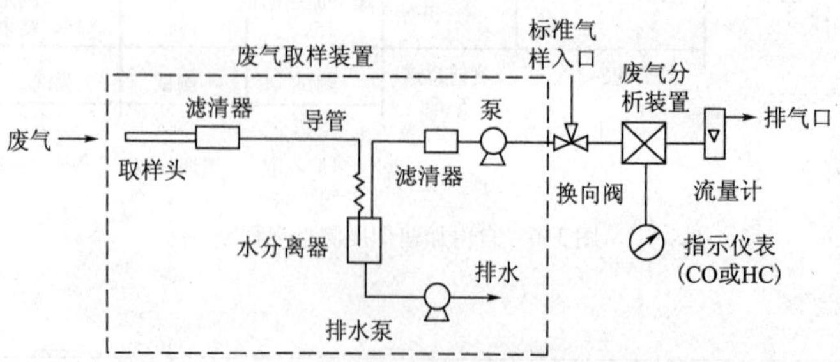

图3-8　废气在不分光红外线式废气分析仪内的流动路线

废气的流动路线：

______

______

______

______

(5)图3-9为不分光红外线式废气分析仪的工作原理，请对照图3-9描述不分光红外线式废气分析仪的基本工作过程。

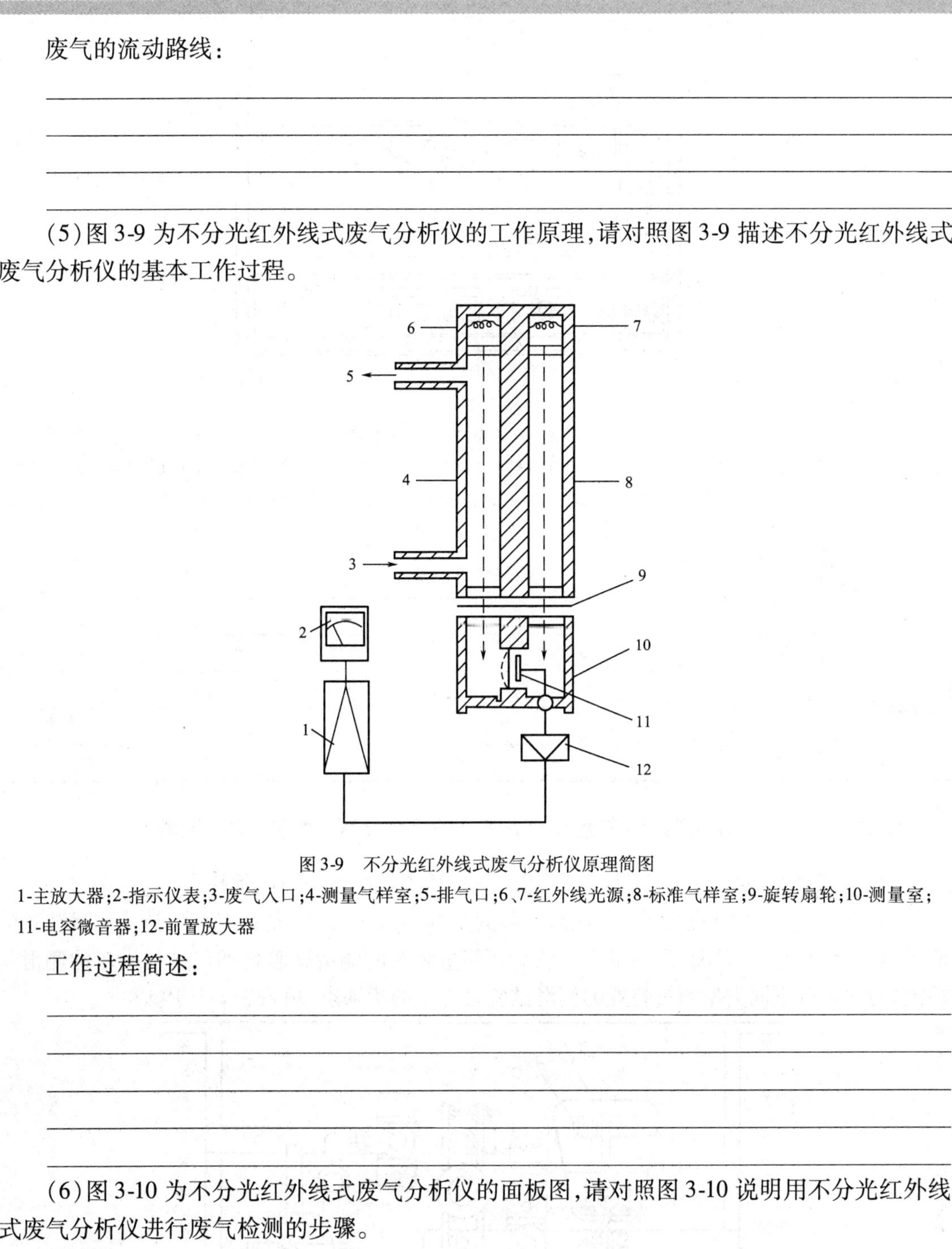

图3-9　不分光红外线式废气分析仪原理简图

1-主放大器；2-指示仪表；3-废气入口；4-测量气样室；5-排气口；6、7-红外线光源；8-标准气样室；9-旋转扇轮；10-测量室；11-电容微音器；12-前置放大器

工作过程简述：

______

______

______

______

______

(6)图3-10为不分光红外线式废气分析仪的面板图，请对照图3-10说明用不分光红外线式废气分析仪进行废气检测的步骤。

检测步骤：

______

______

______

______

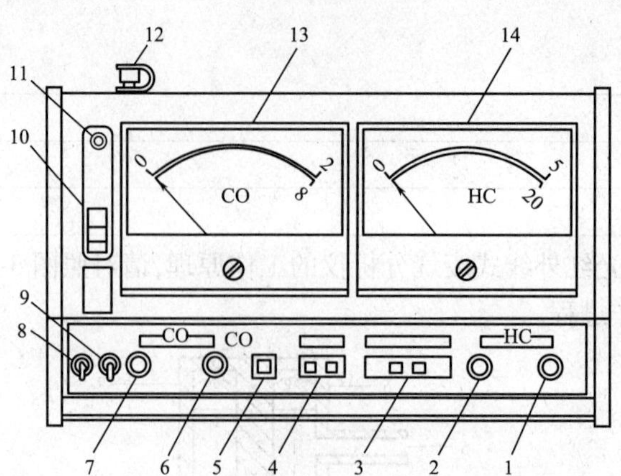

图 3-10　不分光红外线式废气分析仪的面板图

1-HC 标准调整旋钮;2-HC 零点调整旋钮;3-HC 读数转换开关;4-CO 读数转换开关;5-简易校准开关;6-CO 标准调整旋钮;7-CO零点调整旋钮;8-电源开关;9-泵开关;10-流量计;11-电源指示灯;12-标准气样注入口;13-CO 指示仪表;14-HC 指示仪表

(7)将你们小组所用检测车辆的检测结果记录填入表 3-6 中。

检测结果记录　　表 3-6

车型		
生产年代		
检测项目	CO(%)	HC($\times 10^{-6}$)
检测结论		

引导问题 6　汽车侧滑制动车速表检测工位的检测参数有哪些,如何检测?

(1)查阅资料,对比带有不同类型测量装置的侧滑试验台各自的优缺点。

学习以下小常识中的关于汽车侧滑检测的基本知识,图 3-11 是带有电位计式测量装置的侧滑试验台的测量装置图,说明带有电位计式测量装置的侧滑试验台如何进行汽车的侧滑量检测,对比带有不同类型测量装置的侧滑试验台各自的优缺点,填入表 3-7 中。

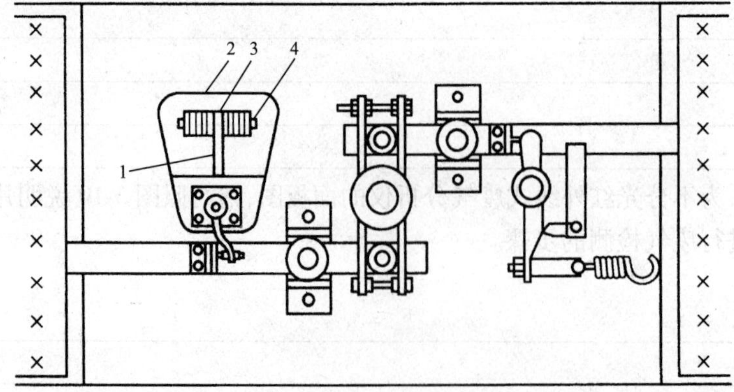

图 3-11　侧滑量试验台电位计式测量装置

1-滑动片;2-电位计;3-触点;4-线圈

小常识：

汽车侧滑检测的基本知识

侧滑是指由于车轮前束与车轮外倾角配合不当，在汽车行驶过程中，车轮与地面之间产生一种相互作用力，这种作用力垂直于汽车行驶方向，使轮胎处于边滚动边滑动的状态，它使汽车的操纵稳定性变差，增加油耗和加速轮胎的磨损。

为保证汽车转向车轮无横向滑移，要求车轮外倾角和车轮前束有适当配合，当车轮前束值与车轮外倾角匹配不当时，车轮就可能在直线行驶过程中不作纯滚动，产生侧向滑移现象。当这种滑移现象过于严重时，将破坏车轮的附着条件，丧失定向行驶能力，导致轮胎的异常磨损并引发交通事故。

《机动车运行安全技术条件》规定：汽车转向轮的侧向滑移量，用汽车侧滑台检测时侧滑量应不大于5m/km。侧向滑移量的大小与方向可用汽车车轮侧滑检验台来检测。如果让汽车驶过可以横向自由滑动的滑板，由于存在上述作用力，将使滑板产生侧向滑动。检验汽车的侧滑量，可以判断汽车前轮前束和外倾这两个参数配合是否恰当，而并不测量这两个参数的具体数值。

侧滑量检测的基本原理：

____

____

____

____

带有不同类型测量装置的侧滑量检测试验台的对比　　表3-7

项目	机械式测量装置	电气式测量装置		
		自整角式测量装置	电位计式测量装置	差分变压器式测量装置
测试机构的基本组成				
测试基本原理				
优点				
缺点				

（2）请查阅资料，说明用侧滑试验台进行侧滑检测前的准备工作以及侧滑检测步骤。

图3-12是FCH—9010A（L—800）型侧滑试验台外形图，表3-8是FCH—9010A（L—800）型侧滑试验台的基本参数，以下的小资料是FCH—9010A（L—800）侧滑试验台的维护与保养知识，请查阅资料，说明用侧滑试验台进行侧滑检测前的准备工作以及侧滑检测步骤。

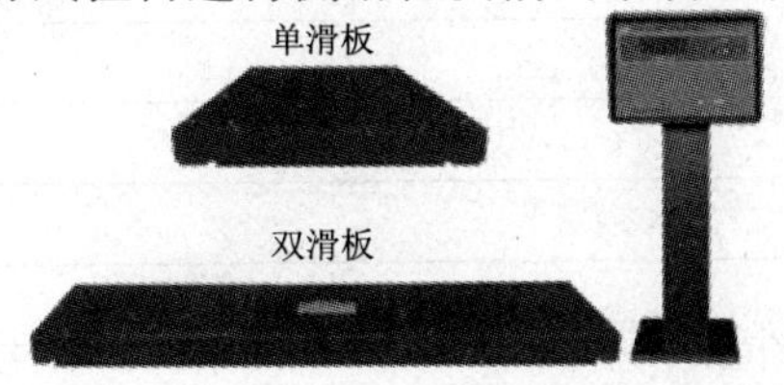

图3-12　FCH—9010A（L—800）型侧滑试验台

FCH—9010A(L—800)侧滑试验台的基本参数 表 3-8

参数	L—1 000	L—800	L—500	单板 D—500	单板 D—1 000
最大允许轴荷(kg)	10000	10000	3000	3000	10000
侧滑量测量范围(m/km)	-10.0 ~ +10.0	-10.0 ~ +10.0	-10.0 ~ +10.0	-10.0 ~ +10.0	-10.0 ~ +10.0
示值误差(m/km)	±0.2	±0.2	±0.2	±0.2	±0.2
滑板尺寸(mm)	1000×1000	1000×800	1000×500	500×710	1000×700
仪表分度值(mm)	0.1	0.1	0.1	0.1	0.1
仪表电源	AC220 50Hz	AC220 50Hz	AC220 50Hz	AC220 50Hz	AC220 50Hz
外形尺寸(mm^3)	3000×1100×180	3130×910×170	2520×610×126	860×556×173	1056×860×180
整机净质量(kg)	300	250	180	180	200

小资料:

FCH—9010A(L—800)侧滑试验台的维护与保养知识

(1)试验台不使用时,一定要锁止滑动板,以防止受到外界因素(人或汽车等)引起的晃动而损坏测量机件。

(2)保持试验台表面及周围环境清洁,及时清除泥、水和垃圾,以防止污物浸入侧滑台。

(3)侧滑台上不要停放车辆或堆放杂物,防止滑动板及测量机件变形或损坏。

(4)每使用1个月,应重点检查测量装置、蜂鸣器或信号灯在侧滑量超过规定值时能否及时报警或给出侧滑量不合格的信息。若蜂鸣器、信号灯或限位开关工作状况不良,应给予及时调整或更换。

(5)每使用3个月,除上述保养作业外,还需检查测量装置的杠杆机构指针,回位装置及联动装置等动作是否灵便。如动作不灵活或有迟滞,应及时进行清洁和润滑工作,必要时需进行修理或更换有关零件。

(6)每使用6个月,除进行第5项保养作业外,还需要拆下滑动板,检查滑动板下的滚轮及导轨,检查各部位有无脏污、变形、松动、锈蚀、磨损等情况,并进行清洁、紧固和润滑工作。对磨损严重的零部件应酌情更换。

(7)每使用一年,除进行第6项保养作业外,还须接受有关部门的检定以确保测试精度。

用侧滑试验台进行侧滑检测前的准备工作:

①______

②______

③______

④______

⑤______

⑥______

⑦______

⑧______________________________

用侧滑试验台进行侧滑检测的步骤:

①______________________________

②______________________________

③______________________________

④______________________________

⑤______________________________

⑥______________________________

⑦______________________________

⑧______________________________

(3)汽车制动性能检测的检测设备和检测方法有哪些?

①汽车制动性能的检测方法有____________和____________两种。

②目前国内汽车综合性能检测站所用制动检测设备多为反力式滚筒制动检验台和平板式制动检验台,根据给出的两种检验台的测试原理图,请比较两种制动检验台的基本组成、主要优缺点,填入表3-9中。

两种制动检验台的比较　　表3-9

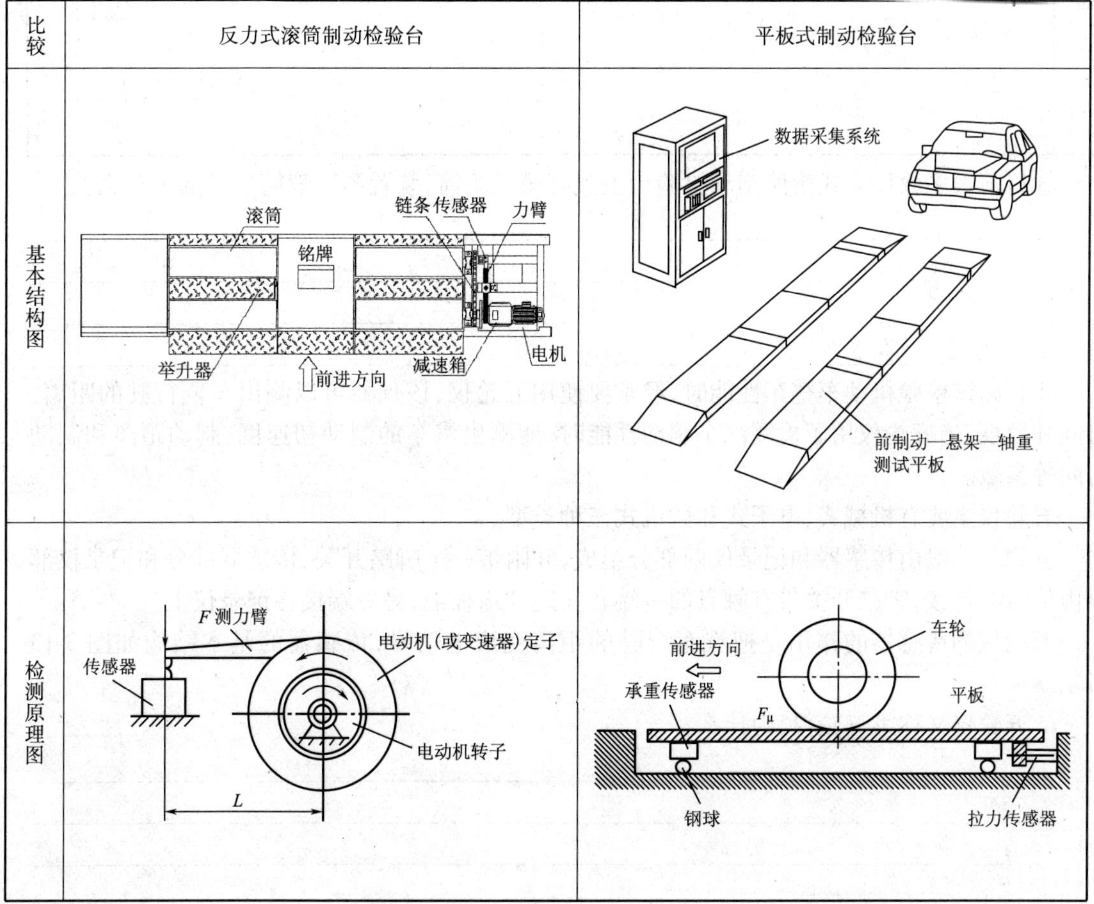

续上表

比较	反力式滚筒制动检验台	平板式制动检验台
主要优点		
主要缺点		

③目前大多数反力式滚筒制动检验台上装有第三滚筒，装置第三滚筒的目的是什么？

④在路试检验机动车整车性能时，经常要使用五轮仪，该仪器可以测出车辆行驶的距离、时间和速度，当五轮仪用于检测汽车制动性能时，能测出汽车的制动初速度、制动距离和制动时间等参数。

五轮仪主要有机械式、电子式和微机式三种类型。

五轮仪一般由传感器和记录仪两部分组成，并附带一个脚踏开关，传感器部分和记录仪部分由信号线连接，脚踏开关带有触点的一端套在制动踏板上，另一端接在记录仪上。

五轮仪的传感器的作用是把汽车行驶的距离变成电信号，传感器的基本结构如图 3-13 所示。

a. 五轮仪又称第五轮仪，为什么？

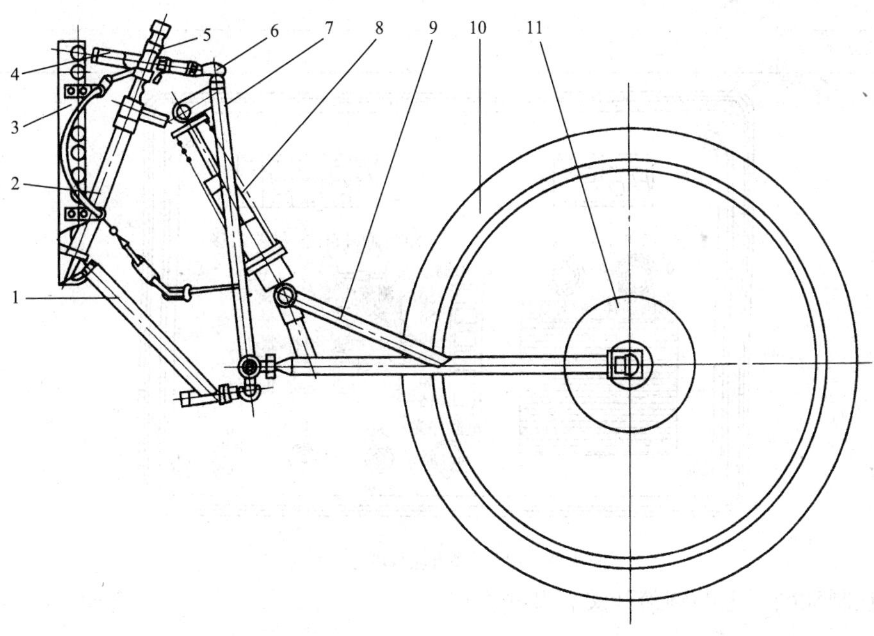

图3-13　五轮仪的传感器部分

1-下臂;2-调节机构;3-固定板;4-上臂;5-手把;6-活节头;7-立架;8-减振器;9-支架;10-充气车轮;11-传感器

b. 五轮仪如何记录汽车的行驶距离?

____

c. 五轮仪的传感器部分有的采用光电式,有的采用电磁式,试对比两种结构形式的优缺点,完成表3-10。

光电式和电磁式传感器的对比表　　表3-10

项目	光　电　式	电　磁　式
组成元件		
工作原理		
优点		
缺点		

五轮仪的记录仪部分的作用是对传感器送来的电信号和内部产生的时间信号进行控制、计数并计算出车速,然后指示出来。电子式记录仪由测距、测时、测速、音响和稳压等部分组成,整机各元件均安装在一个金属盒子内,其控制面板如图3-14所示(以PT5—3型五轮仪为例)。

d. 五轮仪如何检测制动系的反应时间?

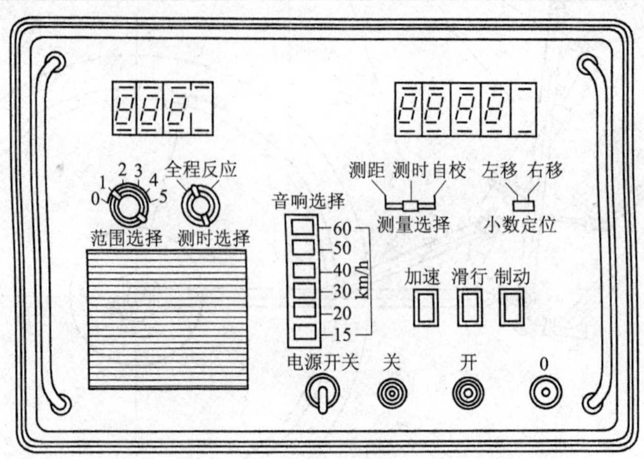

图 3-14 PT5-3 型五轮仪的记录面板

e. 套在制动踏板上的脚踏开关有哪些作用？

f. 在用五轮仪进行制动系统的路试检测前的准备工作有哪些？

g. 在用五轮仪进行制动系统的路试检测时有哪些步骤？

(4)汽车车速表检测的检测设备和检测方法有哪些？

汽车行驶速度与行车安全有着直接关系。汽车行驶速度快，可以缩短运行时间、提高运输效率。但是，行驶速度过快往往使车辆失去操纵稳定性，使行车制动距离大大增加。因此，行驶速度对交通安全有很大影响。为了保证行车安全，特别是在限速路段和限速车道上行驶时，驾驶员必须按照车速表的指示值并根据车辆、行人和道路状况，准确地控制车速。为此，车速表一定要准确可靠。如果车速表指示误差太大，驾驶员就难以正确控制车速，且极易因判断失误而造成交通事故。为确保车速表的指示精度，必须适时对车速表指示误差进行检测、校正。

车速表指示误差的检测方法有道路试验法和室内台架试验法两种。

道路试验法是汽车以不同车速匀速通过某一预定长度试验路段，测出通过该路段的时间，然后计算出实际车速，并与车速表指示值相对照，即可求出不同车速下车速表的指示误差。

室内台架试验法是在滚筒式车速表试验台上进行的。

①车速表为什么会产生误差？

②图3-15是车速表指示误差的测量原理图，请说明车速表指示误差的测量原理。

图3-15　车速表指示误差的测量原理图

1-实际车速的指示仪表；2-速度传感器；3-车速表试验台滚筒；4-驱动车轮

③车速表试验台一般有三种类型：标准型（无驱动装置，依靠被测车轮带动滚筒旋转），驱动型（由电动机驱动滚筒旋转），组合型（与制动试验台或底盘测功机等组合在一起）。

表3-11中提供了标准型、驱动型车速表试验台的结构图，请对比两种车速表试验台，完成表3-11。

两种车速表试验台对比 表3-11

<table>
<tr><th>项目</th><th>标准型车速表试验台</th><th>驱动型车速表试验台</th></tr>
<tr><td>结构图</td><td> 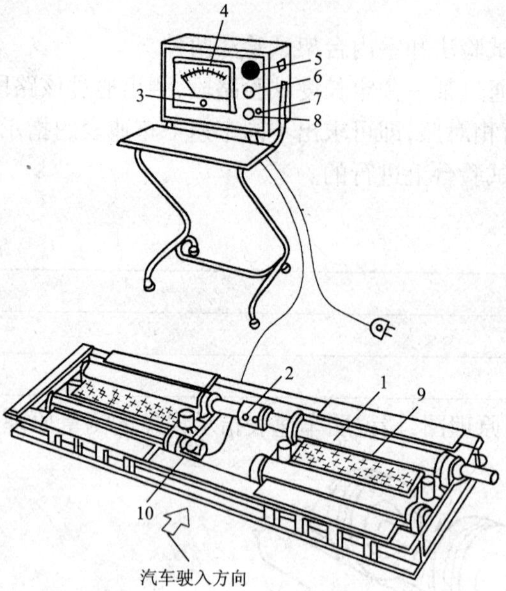1-滚筒;2-联轴器;3-零点校正螺钉;4-速度指示仪表;
5-蜂鸣器;6-报警灯;7-电源灯;8-电源开关;9-举升装置;
10-速度传感器(测速发电机式)</td><td> 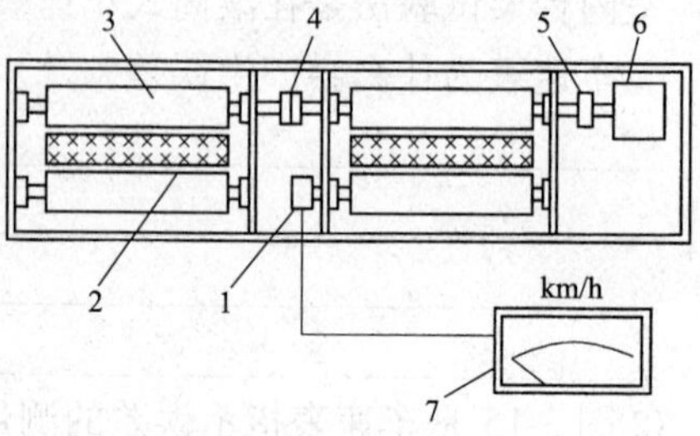1-测速发电机;2-举升装置;3-滚筒;4-联轴器;
5-离合器;6-电动机;7-速度指示装置</td></tr>
<tr><td>测试原理</td><td></td><td></td></tr>
<tr><td>测试准备</td><td colspan="2">a. 车速表试验台的准备
步骤1:在车速表试验台滚筒处于静止状态下,检查指示仪表的指针是否在机械零点上。若指针不在零点上,可用零点调整螺钉调整。若指示仪表为数码管式,数码管应亮度正常,且均处于零位。
步骤2:检查车速表试验台滚筒上是否沾有油、水、泥、沙等污物。若有应清除干净。
步骤3:检查车速表试验台举升装置的升、降动作是否自如。若动作迟滞或有泄漏部位,应予修理。
步骤4:检查车速表试验台导线的连接情况。若有接触不良或断路,应予修理或更换。
对于经常使用的车速表试验台,不一定每次使用前都要全面进行上述检查。
b. 被检车辆的准备
步骤1:检查轮胎气压,应符合汽车制造厂的规定。
步骤2:轮胎上若有油、水、泥、沙等污物或花纹内嵌有小石子时,应清除干净。</td></tr>
</table>

续上表

项目	标准型车速表试验台	驱动型车速表试验台
测试步骤		

引导问题7　汽车前照灯的检验指标有哪些,有哪些检验方法?

学习以下关于汽车前照灯检测的基本常识,回答以下几个问题。

小常识:

汽车前照灯检测的基本常识

汽车前照灯检测是汽车安全性能检测的重要项目。前照灯检测的主要参数是发光强度和光束照射位置。当发光强度不足或光束照射位置偏斜时,会造成夜间行车驾驶员视线不清,或使迎面来车的驾驶员眩目,将极大地影响行车安全。所以,应定期对前照灯的发光强度和光束照射位置进行检测、校正。前照灯的技术状况,可用屏幕法和前照灯校正仪检测。

(1)根据《机动车运行安全技术条件》国家标第3号修改单(GB 7258—2004/XG3—2008)规定,机动车每只前照灯的远光光束发光强度应达到要求。测试时,其电源系统应处于充电状态。表3-12为汽车前照灯远光光束发光强度要求的标准值,查阅资料,说明汽车前照灯的发光强度和光轴偏斜量的检查方法?

____

____

____

____

前照灯远光光束发光强度要求(cd)　　表3-12

检查项目车辆类型	新注册车		在用车	
	两灯制	四灯制	两灯制	四灯制
汽车、无轨电车	15000	12000	12000	10000
四轮农用运输车	10000	8000	8000	6000

图3-16为汽车前照灯发光强度的检测原理图,请标注出图中各个元件的名称,并说明发光强度的检测原理。

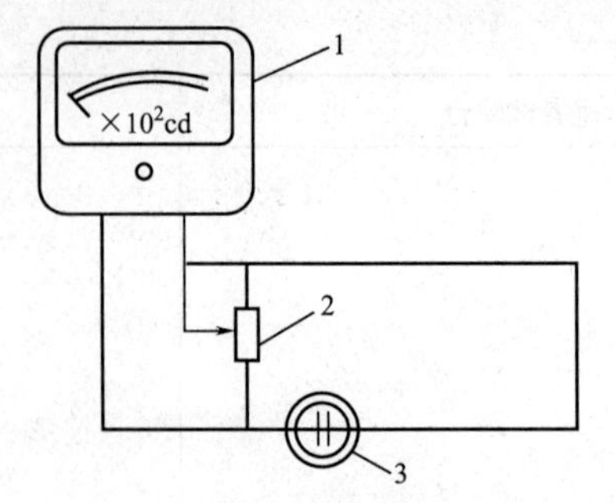

图 3-16　发光强度的检测原理图

1-__________;2-__________;3-__________

发光强度的检测原理：

____

____

____

____

(2)图 3-17 为汽车前照灯光轴偏斜量的检测原理图,请标注出图中各个元件的名称,并说明光轴偏斜量的检测原理。

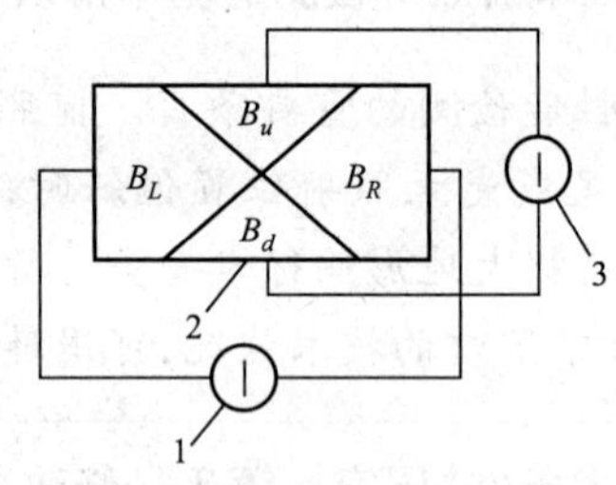

图 3-17　光轴偏斜量检测原理图

1-__________;2-__________;3-__________

光轴偏斜量检测原理：

____

____

____

____

(3)汽车前照灯检测仪分为聚光式、屏幕式、投影式和自动追踪光轴式等几种类型,图3-18是某款汽车前照灯检测仪。查阅资料,说明此种前照灯检测仪的类型,并说明此种前照灯检测仪的检测过程。

前照灯检测仪的类别：______________________________

汽车前照灯的检测过程：

____

____

____

图3-18 汽车前照灯检测仪

(4)汽车前照灯检测中不符合要求的情况分析。

汽车前照灯检测中经常会出现有些车辆的前照灯不符合要求的情况，一般前照灯检验不合格有两种情况，一是前照灯发光强度偏低，二是前照灯照射位置偏斜，请分析后完成表3-13。

前照灯检测不合格原因分析 表3-13

前照灯检测不合格情况	可能的原因
左右前照灯发光强度均偏低	①检查前照灯反光镜的光泽是否明亮，如镀层剥落或污损发黑应予更换； ②检查灯泡是否老化，质量是否符合要求，如老化或质量不符合要求，光度偏低者应更换； ③检查蓄电池端电压是否偏低，如电池端电压偏低，应先充足电再检测。检测时仅靠蓄电池供电，前照灯发光强度一般很难达到标准的规定，此时应启动发动机供电
左右前照灯发光强度不一致	
前照灯光束照射位置偏斜	

引导问题8 汽车噪声如何评价，汽车噪声如何检验？

请学习以下关于汽车噪声的小常识，回答以下的问题。

小常识：

汽车噪声的基本知识

汽车噪声已成为一些大城市的主要噪声源。汽车噪声主要包括：发动机的机械噪声、燃烧噪声、进排气噪声和风扇噪声；底盘的机械噪声、制动噪声和轮胎噪声，车厢振动噪声，货物撞击噪声，喇叭噪声和转向、倒车时的蜂鸣声等噪声。由于车辆噪声具有游走性，影响范围大，干扰时间长，因而危害比较大。

根据《机动车运行安全技术条件》国家标准第3号修改单（GB 7258—2004/XG3—2008）对客车车内噪声级、汽车驾驶员耳旁噪声级和机动车喇叭声级作了规定，《汽车加速行驶车外噪声限值及测量方法》（GB 1495—2002）和《电视广播接收机用红外遥控发射器技术要求和测量方法》（GB/T 14960—1994）对车外最大噪声级及其测量方法作了规定，具体规定如下：

①车外最大允许噪声级，汽车加速行驶时，车外最大允许噪声级应符合规定。表中所列各类机动车辆的变型车或改装车（消防车除外）的加速行驶车外最大允许噪声级，应符合其基本型车辆的噪声规定。

②车内最大允许噪声级，客车车内最大允许噪声级不大于82dB。

③汽车驾驶员耳旁噪声级，耳旁噪声级应不大于90dB。

④机动车喇叭声级，喇叭声级在距车前2m、离地高1.2m处测量时，其值应为90～115dB。

（1）汽车噪声的评价指标有哪些，各自的基本含义是什么，请完善表3-14中内容。

汽车噪声的评价指标 表3-14

噪声的评价指标	评价单位	基本含义
噪声的声压和声压级	dB（分贝）	
频谱		
噪声级		

（2）请根据图3-19给出的一款常用声级计说明声级计如何用来检测汽车的车外、车内、驾

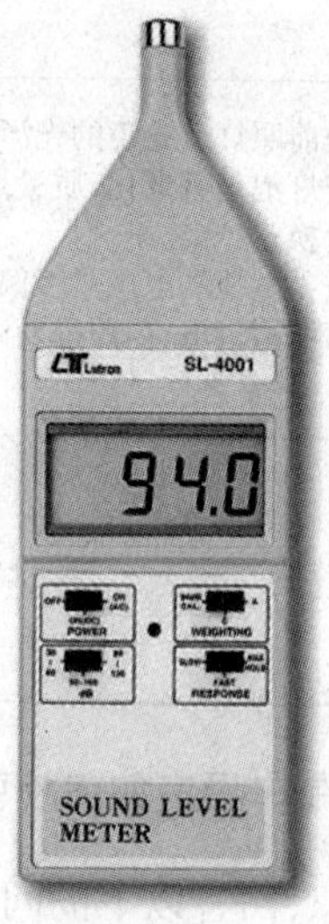

图3-19 SL—4001 噪声计/声级计/音量计

驶员耳旁以及喇叭噪声的测量步骤、方法完成表3-15中的内容。

汽车噪声的测量　　表3-15

	测量步骤	测试车速要求	测量条件
加速行驶车外噪声			①测量场地应平坦而空旷，在测试中心以25m为半径的范围内，不应有大的反射物，如建筑物、围墙等； ②测试场地跑道应有20m以上平直、干燥的沥青路面或混凝土路面。路面坡度不超过0.5%； ③本地噪声（包括风噪声）应比所测车辆噪声至少低10dB。并保证测量不被偶然的其他声源所干扰。本地噪声是指测量对象噪声不存在时，周围环境的噪声； ④为避免风噪声干扰，可采用防风罩，但应注意防风罩对声级计灵敏度的影响； ⑤声级计附近除测量者外，不应有其他人员，如不可缺少时，则必须在测量者背后； ⑥被测车辆不载重，测量时发动机应处于正常使用温度，车辆带有其他辅助设备亦是噪声源，测量时是否开动，应按正常使用情况而定
匀速行驶车外噪声			
车内噪声			
驾驶员耳旁噪声			
汽车喇叭噪声			

引导问题9　汽车大修后发动机总成的竣工的检查的重点及验收标准。

汽车发动机大修适用《商用汽车发动机大修竣工出厂技术条件第1部分：汽油发动机》（GB/T 3799.1—2005），汽车发动机大修基本检验技术文件包括：①汽车发动机大修进厂检验单；②汽车发动机大修工艺过程检验单；③汽车发动机大修竣工检验单；④汽车发动机大修合格证。表3-16为发动机大修竣工后的质量评定表，结合表中内容回答以下问题。

汽车发动机大修竣工质量评定　　表3-16

序号	评定项目	评定技术要求	检查方法与手段	评定方法	备注
1	装备与装配	发动机装备齐全、有效、装配符合GB 3799中的有关规定	检视	有一处以上缺陷则为不合格	
2	起动性能				
(1)	冷车起动	在环境温度不低于－5℃时，应起动顺利，允许连续起动不多于3次，每次起动不多于5s	检视	起动超过三次或多于5s均为不合格	
(2)	热车起动	在发动机正常工作温度下5s内能起动	检视	不符合要求为不合格	
3	真空度				
(1)	真空度数值	汽油发动机怠速时，进气歧管真空度应在57～70kPa范围内	用转速表、真空计检查（大气压强以海平面为准）	不符合规定为不合格	
(2)	真空度波动范围	发动机怠速时，进气歧管真空度波动：六缸汽油机不超过3kPa，四缸汽油机不超过5kPa	用转速表、真空计检查（大气压强以海平面为准）	不符合规定为不合格	

续上表

序号	评定项目	评定技术要求	检查方法与手段	评定方法	备注
4	汽缸压力				
(1)	压力数值	汽缸压缩压力应符合原设计规定	用转速表、汽缸压力表检查	不符合规定为不合格	
(2)	各缸压力差	每缸压力与各缸平均压力的差。汽油机不超过8%,柴油机不超过10%	用转速表、汽缸压力表检查或用发动机分析仪测量	不符合规定为不合格	
5	发动机运转情况				
(1)	怠速	发动机怠速运转稳定,其转速符合原设计规定。转速波动不大于50r/min	用转速表进行运转试验或用发动机综合分析仪测量	不符合规定为不合格	
(2)	改变转速	发动机改变转速时应过渡圆滑	用发动机转速表测量	不符合要求为不合格	
(3)	加速或减速	发动机突然加速或减速时不得有突爆声,不得有断火、回火、放炮现象	检视	不符合要求为不合格	
6	异响	发动机在正常工况下运转时,不得有异常响声	检视或用发动机异响分析仪检查	不符合要求为不合格	
7	功率	发动机最大功率不得低于原设计规定值的90%	用测功机(仪)按有关规定测量	不符合要求为不合格	7、8项只检查其中之一
8	转矩	发动机最大转矩不得低于原设计标定值的90%	用测功机(仪)按有关规定测量	不符合要求为不合格	
9	燃料消耗率	发动机最低燃料消耗率不得高于原设计要求	用油耗计、测功机(仪)按有关规定测量	不符合要求为不合格	
10	排放	汽油机排放应符合GB 18285的规定;柴油机排放应符合GB 18285的规定	按GB/T 23845—2009、GB/T 23846—2009规定测量	不符合规定为不合格	
11	机油压力	发动机机油压力应符合原设计规定	用机油表进行运转试验	不符合规定为不合格	
12	水温、油温	发动机水温、油温应符合原设计规定	用水温表、油温表进行试验	不符合规定为不合格	
13	润滑油	发动机润滑油规格、数量、质量应符合原设计规定	检视或用润滑油质分析仪检查	不符合要求为不合格	
14	四漏情况	发动机应无漏水、漏油、漏气、漏电现象	检视	不符合要求为不合格	
15	停机装置	柴油发动机停机装置应灵活有效	检视	不符合要求为不合格	
16	限速装置	发动机应按规定加装限速片或对限速装置作相应的调整并加铅封	检视	不符合要求为不合格	
17	涂漆	发动机应按规定涂漆,涂层均匀、不得有漏涂现象	检视	有两处以上缺陷为不合格	

(1)发动机大修后“最大功率不得低于原设计规定值的90%”,发动机输出的有效功率检测的方法有稳态测功和动态测功两种,试就两种方法进行比较,将比较结果填入表3-17中。

稳态测功和动态测功的比较

表 3-17

有效功率检测的方法	稳态测功	动态测功
测功设备	电涡流测功器	
	1-转子;2-转子轴;3-连接盘;4-冷却水管;5-励磁绕组;6-外壳;7-冷却水腔;8-转速传感器;9-底座;10-轴承座;11-进水管	
测试条件	发动机台架	
主要测试参数		
主要优缺点		

(2)经过对大修竣工后发动机性能的检测,可能出现表 3-18 中的几种情况,查阅资料,完善表 3-18 中的内容。

大修后常见故障及故障原因表

表 3-18

可能的情况	原因分析
发动机功率偏低	
发动机单缸功率偏低	

(3) 汽车的最低燃料消耗率的检测一般采用车用油耗计检测,图 3-20 为车用油耗计的基本结构简图,请查阅资料,说明用车用油耗计测量发动机油耗的过程。

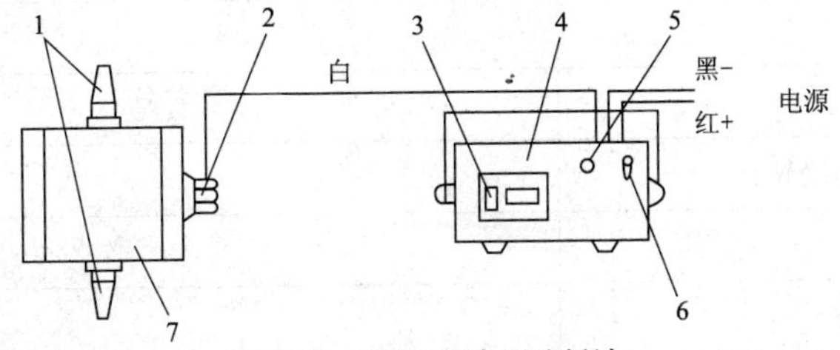

图 3-20　GD30 型车用油耗计

1-进出油口;2-磁敏开关;3-复零按钮;4-计数器;5-电源指示灯;6-电源开关;7-传感器

测量过程：

____

____

____

____

引导问题 10　汽车安全检测线车底检查工位的检查项目有哪些？

汽车安全检测线的车底检查工位由检查人员在地沟内人工检查底盘各装置及发动机连接是否牢固可靠，有无弯扭断裂及漏油、漏水、漏气、漏电等现象。

(1)汽车安全检测线的车底检查工位具体检查项目如表 3-19 所列，请完善表 3-19 中的检查要点。

车底外观检查项目及检查要点列表　　表 3-19

序号	检　查　项　目	检　查　要　点
1	发动机及其连接	
2	车架	
3	前桥	
4	转向器转向轴及其万向节	
5	转向器支架	
6	转向摇臂	
7	转向器	
8	转向主销及其轴承	
9	横直拉杆	
10	前悬架连接	
11	前吊耳销子	
12	后悬架连接	
13	后吊耳销子	
14	后部杆系	
15	各种软管	
16	油路、气路、电路	
17	储气筒	
18	传动轴万向节、伸缩节	
19	传动轴中间支撑	
20	离合器及操纵机构	
21	变速器	

续上表

序号	检查项目	检查要点
22	主减速器	
23	减振器	
24	钢板弹簧夹及U形螺栓	
25	排气管及消声器	
26	制动系拉杆、驻车制动器	
27	后桥壳	
28	缓冲器、保险杠、牵引钩	
29	漏油、漏水、漏气、漏电	
30	油箱、蓄电池等的固定	

(2)利用什么设备对转向节等安全机件进行探伤?

利用＿＿＿＿＿＿在不解体情况下探测机件的裂纹和伤痕。探伤的机件主要有发动机和传动系各机件,转向节和转向节臂,转向横、直拉杆和球销,钢板弹簧,车架及前、后桥等。

(3)利用底盘松旷量检测仪检测底盘哪些部位的松旷量?

利用底盘松旷量检测仪检测＿＿＿＿＿＿、＿＿＿＿＿＿等处的松旷量。

引导问题11　图3-21中给出某车辆安全性能检测报告单,请查阅相关资料,对该车的安全检测报告单进行评价及结论。

(1)该车制动性能检验的结论:＿＿＿＿＿＿＿＿＿＿＿＿＿＿＿＿＿＿＿＿。

(2)该车前照灯检验的结论:＿＿＿＿＿＿＿＿＿＿＿＿＿＿＿＿＿＿＿＿。

(3)该车排放检验的结论:＿＿＿＿＿＿＿＿＿＿＿＿＿＿＿＿＿＿＿＿。

(4)该车车速表检验的结论:＿＿＿＿＿＿＿＿＿＿＿＿＿＿＿＿＿＿＿＿。

(5)该车侧滑性能检验的结论:＿＿＿＿＿＿＿＿＿＿＿＿＿＿＿＿＿＿＿＿。

(6)该车的安全性能检测的总检结论:＿＿＿＿＿＿＿＿＿＿＿＿＿＿＿＿。

四、评价与反馈

1. 小组成果展示

(1)简述本小组收获与体会:

①＿＿＿＿＿＿＿＿＿＿＿＿＿＿＿＿＿＿＿＿＿＿＿＿＿＿＿＿＿＿;

②＿＿＿＿＿＿＿＿＿＿＿＿＿＿＿＿＿＿＿＿＿＿＿＿＿＿＿＿＿＿;

③＿＿＿＿＿＿＿＿＿＿＿＿＿＿＿＿＿＿＿＿＿＿＿＿＿＿＿＿＿＿。

(2)你对其他小组的建议:

①＿＿＿＿＿＿＿＿＿＿＿＿＿＿＿＿＿＿＿＿＿＿＿＿＿＿＿＿＿＿;

②＿＿＿＿＿＿＿＿＿＿＿＿＿＿＿＿＿＿＿＿＿＿＿＿＿＿＿＿＿＿。

机动车安全性能检测报告单

贵州贵阳凤凰村机动车技术检测有限责任公司　　代号:　　电话:　　检测流水号:

车牌(自编)号	贵A28×××	车主单位	张某某				
号牌种类	蓝牌	车辆类型	轿车	前照灯制	两类制		
厂牌型号	桑塔纳	燃料类别	汽油	检验类别	在用汽车委托检测		
发动机号	04172×	驱动形式	两轴/前驱	检测项目	B,H,X,N,S,A		
VIN(或车架)号	11658×	驻车轴	后驻车	登陆员	黄××		
出厂年月	1996年06月26日	初次登记日期	1996年7月26日	检验日期	2009年8月11日		
悬架形式	独立悬架	里程	127437km	远光光束能否调整	否	引车员	

台 式 检 测 数 据

代号	项目		轮(轴)重(kg) 左	右	最大制动力(daN) 左	右	最大过程差值点(daN) 左	右	制动率(%)	不平衡率(%)	阻滞率(%) 左	右	单项判定	项目判定	单项次数
B	制动*	一轴	363	360	329	316	326	310	89.2	4.9	1.5	0.8	○		1
		二轴	282	292	195	184	195	178	66.0	8.7	1.6	1.0	○		1
		三轴	—	—	—	—	—	—	—	—	—	—	—		
		四轴	—	—	—	—	—	—	—	—	—	—	—		—
		驻车	1 297		141	126			20.6				○		1
		整车	1 297		1 024				79.0				○		

代号		项目	远光 光强度(cd)	远光偏移 垂直(mm/dam)	远光偏移 水平(mm/dam)	近光偏移 垂直(mm/dam)	近光偏移 水平(mm/dam)	灯高mm	620
H	前照灯	左外灯	—	—	—	—	—	—	—
		左内灯	35 300	下36.0	右25.0	上3.0	右31.0	×	1
		右内灯	40 700	下22.0	左34.0	上2.0	左20.0	×	1
		右外灯	—	—	—	—	—	—	—

代号										
X	排放*	高怠速		CO(%) —	HC(10^{-6}) —	判定	怠速	CO(%) 2.5	HC(10^{-6}) 500	判定
		ASM工况法		CO(%)	HC(10^{-6})	NO(10^{-6})				
			5 025	—	—	—				—
			2 540	—	—	—				—
		光吸收系数(m-1)		—	烟度			(Rb)	0.0	
S	车速表			33.3				km/h		○
A	侧滑			-2.6				m/km		—

路试制动性能*	—	检验员	
人工检测项目	不合格否决项(打编号)	检验员	不合格建议维护项(打编号)
1 车辆外观检查	合格	邹××	
2 底盘动态检验	—		
3 车辆底盘检查	合格	孟××	
主任检验员意见及盖章		整车判定/总不合格次数	
		盖章单位	
备注			

带“*”项为否决项，否决项不合格，车辆检验不合格

标记说明：○：合格　×　不合格　—　未检　本次检测依据GB 21861—2008　GA 468—2004

重要提示：《道路交通安全法》规定，上道路行驶的机动车未放置有效检验合格标志的，公安机关交通管理部门将扣留机动车并处以罚款、检验台格后请及时到公安机关交通管理部门办理相关手续并领取检验合格标志，有不合格建议维护项时请及时调修车辆。

图 3-21　某车辆安全性能检测报告单

2. 课堂过程评价表(表3-20)

课堂过程评价表

表3-20

考核项目	评分标准	分数	学生自评	小组互评	教师评价	小计
团队合作	是否和谐	5				
活动参与	是否精彩	5				
安全生产	有无安全隐患	10				
现场5S	是否做到	10				
任务方案	是否正确、合理	15				
操作过程	汽车整车外观、汽车尾气排放、侧滑、制动、车速表、前照灯、汽车噪声、发动机、底盘系统情况检测等的检测项目、检测方法是否能够正确描述,检测方法是否规范	30				
任务完成情况	是否圆满完成	5				
工具、设备使用	是否规范、标准	10				
劳动纪律	是否能严格遵守	5				
工单填写	是否完整、规范	5				
总分		100				
教师签字:			年 月 日		得分	

注意:没有按照操作流程操作,以致出现人身伤害或设备严重事故的学生,本任务考核为0分。

参 考 文 献

[1] 陈长春. 汽车维修质量检验[M]. 北京:机械工业出版社,2005.
[2] 屠卫星. 汽车维修质量检验[M]. 江苏:江苏科技出版社,2008.
[3] 董正身. 汽车检测与维修[M]. 北京:机械工业出版社,2006.
[4] 交通部公路司. 汽车综合性能检测[M]. 上海:上海科学技术文献出版社,1999.
[5] 丰田公司. 丰田 VIOS 轿车维修手册
[6] 中华人民共和国国家标准 GB 7258—2004/XG3—2008 机动车运行安全技术条件国家标准案 3 号修改单[S]. 北京:中国标准出版社,2008.
[7] 中华人民共和国国家标准 GB 18565—2001 营运车辆综合性能要求和检验方法[S]. 北京:中国标准出版社,2002.